KB205949

인생의 밤을 만났을 때

인생의 밤을
만났을 때

김은호 지음

주의 법을 지켰나이다 ─ 시 119:55

여호와여 내가 밤에 주의 이름을 기억하고

차
례

3부

말씀은 나를 위한 기적을 남긴다
"모든 이스라엘은 그 마른 땅으로 건너갔더라"

4부

말씀은 끝까지 내 삶을 책임진다
"오직 주의 말씀은 세세토록 있도다"

인생의 밤에 머물러 있는 당신에게

코로나바이러스감염증-19(COVID-19)이 2년 이상 전 세계를 휩쓸고 있습니다. 처음 셧다운을 경험할 때만 해도 조금만 인내하면 될 줄 알았습니다. 다 같이 한마음으로 힘을 합하면 금방 이겨낼 줄 알았습니다. 그러나 지금은 앞이 보이지 않는 것만 같은 절망적인 상황에 많은 이가 신음하고 있습니다. 고통에 몸부림치고 지쳐 꿈을 잃어 가고 있습니다. 한마디로 인생의 밤에 머물러 있습니다. 그렇다면 우리 인생의 답은 도대체 어디 있는 걸까요?

저는 30년 넘게 목회 사역을 감당하면서 하나님의 말씀을 묵상하고, 연구하고, 선포하며 우리 인생의 답은 다른 것이 아닌 오직 말씀에 있다는 사실을 깨달았습니다. 말씀은 쉬지 않고 나를 돕습니다. 말씀은 언제나 내 옆에 있습니다. 말씀은 나를 위한 기적을 남깁니다. 그리고 말씀은 끝까지 내 삶을 책임집니다.

그래서 올해 오류교회 표어를 "말씀으로 기념비를 세우라"로 정했습니다. 다른 이유는 없습니다. '4R 바이블 챌린지' 즉, 말씀을 읽고(Read), 암송하며(Recite), 필사하고(Record), 말씀으로 끊임없이 살아내는 은혜를 경험하며 그리스도인의 지친 심령이 회복되기를(Revive) 바랐습니다. 인생의 밤을 만나 식은 가슴에 다시 하나님이 비전의 불을 붙여 주시기를 갈망했습니다. 하나님은 말씀으로 주신 언약을 이루십니다. 말씀의 권능을 받으면 우리는 하나님의 형상을 회복하고 또 하나님의 대사로서 맡겨진 사명을 감당할 수 있습니다.

저는 한국 교회의 모든 성도, 특별히 다음 세대가 말씀의 능력을 뜨겁게 경험하기를 바랍니다. 말씀이신 예수 그리스도의 진리와 사랑 안에서 기쁘게 주님을 찬양하길 원합니다. 말씀을 더욱 사랑함으로, 그 말씀의 능력에 힘입어 가정과 직장 그리고 모든 관계와 맡겨진 일 가운데 거룩한 영적 기념비가 세워지길 기도합니다. 그럼으로써 측량할 수 없는 하나님의 값없는 은혜를 누리길 주님의 이름으로 기도합니다.

그래서 이 책에 '말씀'을 주제로 전한 올해 상반기 설교 여러 편을 다듬어 담았습니다. 설교를 준비할 때마다 말씀에 의지하여 그물을 내리는 인생에게 하나님이 우리의 생각과 상황을 뛰어넘는 벅찬 은혜를 주심이 얼마나 놀랍고 감사한지 깨닫게 됩니다. 은혜는 하나님의 살아 계심을 경험하는 가장 아름다운 고백입니다. 그 은혜는 바로 말씀에서 시작됩니다.

오늘도 내 앞을 가로막는 곤고한 일들로 인해 어둠 속에서 헤매는 것 같습니까? 그러나 인생의 밤을 만났을 때 상황과 환경을 탓하며 번민하지 마십시오. 진짜 믿음의 시험대에 올라선 지금, 뜨겁게 하나님의 말씀을 붙잡고, 그 말씀으로 인해 다시 도약하는 새 힘을 얻으시기 바랍니다. 그렇게 말씀에 의지하여 그물을 내리는 인생에게 '153'의 기적이 임하길, 또한 세상이 줄 수 없는 그리스도 예수의 평강과 은총이 임하길 주님의 이름으로 축원합니다.

2021년 가을
하나님의 사람 김은호

인생의 밤을 만났을 때

1부

말씀은 쉬지 않고
나를 돕는다

"여호와께서 여기까지
우리를 도우셨다 하고"

사무엘상 7장 5-12절

5 사무엘이 이르되 온 이스라엘은 미스바로 모이라 내가 너희를 위하여 여호와께 기도하리라 하매

6 그들이 미스바에 모여 물을 길어 여호와 앞에 붓고 그 날 종일 금식하고 거기에서 이르되 우리가 여호와께 범죄하였나이다 하니라 사무엘이 미스바에서 이스라엘 자손을 다스리니라

7 이스라엘 자손이 미스바에 모였다 함을 블레셋 사람들이 듣고 그들의 방백들이 이스라엘을 치러 올라온지라 이스라엘 자손들이 듣고 블레셋 사람들을 두려워하여

8 이스라엘 자손이 사무엘에게 이르되 당신은 우리를 위하여 우리 하나님 여호와께 쉬지 말고 부르짖어 우리를 블레셋 사람들의 손에서 구원하시게 하소서 하니

9 사무엘이 젖 먹는 어린 양 하나를 가져다가 온전한 번제를 여호와께 드리고 이스라엘을 위하여 여호와께 부르짖으매 여호와께서 응답하셨더라

10 사무엘이 번제를 드릴 때에 블레셋 사람이 이스라엘과 싸우려고 가까이 오매 그 날에 여호와께서 블레셋 사람에게 큰 우레를 발하여 그들을 어지럽게 하시니 그들이 이스라엘 앞에 패한지라

11 이스라엘 사람들이 미스바에서 나가서 블레셋 사람들을 추격하여 벧갈 아래에 이르기까지 쳤더라

12 사무엘이 돌을 취하여 미스바와 센 사이에 세워 이르되 여호와께서 여기까지 우리를 도우셨다 하고 그 이름을 에벤에셀이라 하니라

01

나를 도우시는
하나님을 기억하라

2021년 오류교회 표어는 "말씀으로 기념비를 세우라"입니다. 우리 교회는 지금 말씀의 기념비 프로젝트, 즉 '4R 바이블 챌린지'(4R Bible challenge)를 진행하고 있습니다. 그 내용은 다음과 같습니다.

Read the Bible 성경을 읽으라.

Recite the Bible 성경을 암송하라.

Record the Bible 성경을 기록하라.

Revive your faith 신앙을 회복하라.

말씀을 읽고 암송하고 기록해서 신앙을 회복하자는 것입니다. 기념비는 사전적 의미로 '어떤 뜻깊은 일을 오래도록 잊지 않고 마음에 간직하기 위해 세운 비(碑)'를 말합니다. 성경에도 여러 기념비가 나옵니다. 사울 왕이 아말렉을 물리치고 세운 기념비가 있습니다. 또한 이스라엘 백성들이 요단강을 건넌 이후 길갈에 세운 기념비가 있습니다. 사무엘이 세운 에벤에셀의 기념비도 있습니다. 오늘은 이 에벤에셀의 기념비에 대해 살펴보겠습니다.

에벤에셀의 기념비가 세워지기 이전, 이스라엘에서는 사무엘이 이끄는 영적 각성 운동이 일어났습니다. 에벤에셀의 기념비를 이해하기 위해서는 먼저 이 영적 각성 운동을 알아야 합니다. 그리고 영적 각성 운동을 제대로 이해하기 위해서는 이 운동이 일어날 수밖에 없었던 시대적 배경을 알아야 합니다.

이스라엘, 이가봇 시대를 살다

출애굽한 이스라엘 백성들은 약속의 말씀대로 가나안 땅에 정착했습니다. 하지만 시간이 흘러 여호수아와 그 지도자들이 죽자, 출애굽 이후에 태어난 다음 세대는 불행하게도 여호와를 알지 못하는 다른 세대가 되어 버렸습니다. 하나님의 사람이라는 정체성을 잃어버린 것입니다. 그들은 자신의 소견에 옳은 대로 행하며 살았습니다. 그 땅의 사람들이 섬기는 우상을 숭배하며 멸망의 길로 나아갔습니다. 급기야 블레셋과의 전쟁에서 패해 3만4천 명이 죽었고, 하나님의 임재를 상징하는 언약궤마저 빼앗겨 버렸습니다.

제사장 엘리의 두 아들 홉니와 비느하스도 전사했습니다. 비보를 전해들은 엘리는 의자에서 뒤로 넘어져 목이 부러져 죽고 말았습니다. 만삭이던 비느하스의 아내는 아이를 낳고 '이가봇'이라 이름 지은 뒤 죽었습니다. 이가봇은 '하나님의 영광이 떠났다'는 뜻입니다. 이스라엘이 이제는 말씀이 희귀하여 들려오지 않을 정도로 하나님의 영광이 떠나 버린 이가봇의 시대를 살게 된 것입니다.

물론 이후에 하나님의 특별한 간섭으로, 빼앗겼던 언약궤가 블레셋 땅에서 다시 돌아왔습니다. 하지만 기럇여아림의 아비나답 집에 20년 동안 방치되었습니다. 이는 이스라엘이 하나님과의 관계를 회복하지 못하고, 여전히 하나님의 영광이 떠난 영적 암흑기, 즉 이가봇의 시대에 있었음을 말합니다.

이렇게 20년 동안 이가봇의 비극이 계속되고 있을 때, 하나님은 그분의 영광을 되찾을 한 사람을 준비하셨습니다. 바로 사무엘입니다. 준비된 하나님의 사람 사무엘에 의해 이가봇의 시대는 끝이 나고, 에벤에셀의 시대가 열리기 시작했습니다.

영적 각성 운동이 시작되다

하나님은 사무엘을 통해 그 땅 가운데 영적 각성 운동이 시작되게 하셨습니다. 사무엘은 영적 각성 운동을 일으키면서 이스라엘 백성에게 무엇을 명합니까?

첫째, "전심으로 여호와께 돌아오라"고 합니다.

사무엘이 영적 각성 운동을 시작하면서 외쳤던 첫 메시지는 "너희가 전심으로 여호와께 돌아오려거든"(3절a)입니다. 그리고 이어서 구체적인 방법을 제시합니다.

"이방 신들과 아스다롯을 너희 중에서 제거하고 너희 마음을 여호와께로 향하여 그만을 섬기라"(3절b)

단순히 죄를 짓지 않겠다고 결심하라는 정도가 아닙니다. 회개의 흉내만 내라는 것이 아닙니다. 너희 중에 있는 이방신들과 아스다롯을 제거하고 돌아오라는 것입니다. 신전처럼 보이는 것만 우상이 아닙니다. 내가 하나님보다 더 의지하고 사랑하는 것이 우상입니다. 성경은 "탐심은 곧 우상숭배"(골 3:5)라고 말합니다. 모든 죄는 욕심으로부터 시작됩니다. 그래서 야고보 기자는 "욕심이 잉태한즉 죄를 낳고 죄가 장성한즉 사망을 낳느니라"(약

인생의 밤을 만났을 때

1:15)라고 했습니다.

예수님을 믿어 하나님의 사람이 되었지만 여전히 이 세상에 속한 자처럼 탐욕의 지배를 받으며 살기 때문에 온전한 십일조를 드리지 못하고, 거짓말을 하고, 누군가를 미워하며, 관계를 분열시킵니다. 사무엘은 이러한 우상들을 제거한 다음 "너희 마음을 여호와께로 향하여 그만을 섬기라"라고 명합니다. 마음을 여호와께로 고정하라는 것입니다. 하지만 하나님은 명령만 하신 것이 아니라 순종에 대한 약속도 주셨습니다.

"그리하면 너희를 블레셋 사람의 손에서 건지시리라"(3절c)

우상을 제거하고 여호와께 돌아와 마음을 다하여 그분만을 섬기라는 사무엘의 명령에 백성들은 어떻게 반응했습니까?

"이에 이스라엘 자손이 바알들과 아스다롯을 제거하고 여호와만 섬기니라"(4절)

순종했습니다. 사무엘의 말대로, 바알들과 아스다롯을 제거하고 마음을 다하여 여호와만 섬겼습니다.

우리 역시 마찬가지입니다. 우리 인생 가운데 하나님의 영광이 떠나 버린 이가봇의 저주를 끊고 에벤에셀 하나님의 은혜와 축복 속에 살기 원한다면, 먼저 마음에 있는 우상들을 제거해야 합니다. 우리 안에 있는 탐심을 십자가에 못 박고 주님에게 돌아와야 합니다. 우리 마음을 여호와께 고정하고 여호와 하나님만을 섬겨야 합니다. 그러면 분명히 에벤에셀 하나님의 은혜와 축복이 임할 것입니다. 하나님이 그렇게 약속하셨습니다.

사무엘의 두 번째 메시지는 "미스바로 모이라"는 것입니다.

"사무엘이 이르되 온 이스라엘은 미스바로 모이라 내가 너희를 위하여 여호와께 기도하리라 하매"(5절)

이스라엘 백성들은 역시 이 말씀에도 순종했습니다.

"그들이 미스바에 모여"(6절a)

만일 그들이 사무엘 선지자의 말을 무시하고 모이지 않았다면 어떻게 되었을까요? 미스바 운동은 일어나지 않았을 것입니다. 에벤에셀의 축복을 경험하지 못했을 것입니다. 하지만 그들은 모였습니다. 그 모임으로 인해 영적 대각성 운동이 일어났습니다. 모여야 역사가 일어납니다.

인생의 밤을 만났을 때

누구나 한 번쯤은 캠프파이어를 해 본 경험이 있을 것입니다. 아무리 활활 타오르던 불꽃도 장작이 하나만 남으면 오래 가지 못하고 곧 꺼져 버립니다. 그러나 장작을 한데 모아 놓으면 엄청난 화력을 발휘합니다. 하나님의 사람들도 주님의 몸 된 지체로서 한자리에 모여야 역사가 일어납니다. 모일 때 하나님이 축복하십니다. 모일 때 부흥의 불길이 타오릅니다. 오순절의 성령 충만도, 고넬료 가정의 성령 충만도 함께 모여 기도하고 말씀을 들을 때 시작되었습니다.

하지만 성경은 주님 오실 날이 다가올수록 사람들은 모이기를 폐하려 할 것이라고 말합니다.

"모이기를 폐하는 어떤 사람들의 습관과 같이 하지 말고 오직 권하여 그 날이 가까움을 볼수록 더욱 그리하자"(히 10:25)

사탄은 성도들의 모임을 폐하려고 합니다. 혼자서 인터넷으로 설교를 듣고 사이버 공간에서 신앙생활을 하라고 유혹합니다. 기도도 각자 하라고 속삭입니다. 그것으로도 충분하다고 속입니다. 성도들이 모이는 것을 극도로 싫어하기 때문입니다.

어떤 이들은 그동안 한국 교회가 모이는 일에만 열심을 내고 나가는 일에는 별로 관심이 없었기 때문에 이런 코로나-19 상황이 발생했다고 말하기도 합니다. 물론 우리 신앙생활의 무대는 교회가 아니라 세상입니다. 우리가 보냄을 받은 곳은 삶의 현장입니다. 그러므로 세상으로 나아가 그곳에서 빛과 소금의 사명을 감당해야 합니다. 우리가 머물고 있는 현장이 하나님의 처소가 되게 하고, 우리의 삶이 하나님께 드려지는 예배가 되게 해야 합니다. 그러나 세상을 향해 나아가 선한 싸움을 싸우고 하나님의 대사로서 살아가려면, 먼저 모여야 합니다. 함께 모여 기도하고, 함께 모여 예배드리고, 함께 모여 성도의 교제를 나누며 영적 충전과 재무장을 해야 합니다.

지금은 코로나-19라는 특수한 상황 때문에 교회가 세상의 본이 되기 위해 선제적 조치를 취하며 영상으로 예배드리고, 각자의 자리에서 기도하고 있습니다. 하지만 이 위기가 지나면 우리는 다시 모여야 합니다. 하나님의 사람은 모여야 합니다. 모여서 뜨겁게 예배해야 합니다. 함께 한마음으로 기도해야 합니다. 성도의 교제를 나누어야 합니다. 어려울 때일수록 모여야 합니다. 이스라엘 백성들이 이가봇의 저주를 끊고 에벤에셀 하나님의 은혜를 맛보기 위해 미스바에 모였듯이 말입니다.

인생의 밤을 만났을 때

금식하며 죄를 자복하다

그러면 미스바에 모인 이스라엘 백성들은 무엇을 했습니까?

"그들이 미스바에 모여 물을 길어 여호와 앞에 붓고 그 날 종일 금식하고 거기에서 이르되 우리가 여호와께 범죄하였나이다 하니라"(6절a)

먼저 물을 길어 여호와 앞에 부었습니다. 이는 자신들의 마음을 정결하게 했다는 뜻입니다. 이후 종일 금식하고 죄를 자복하며 회개 기도를 드렸습니다. 회개는 아무나 할 수 있는 것이 아닙니다. 십자가 보혈의 능력을 알지 못하는 사람은 절대로 회개할 수 없습니다. 회개는 하나님이 죄인 된 우리에게 주신 특별한 은총입니다.

성경의 역사를 보십시오. 하나님 앞에서 크게 쓰임 받았던 사람들의 공통점이 무엇입니까? 그들은 죄를 짓지 않은 사람들이 아니었습니다. 죄를 지었지만 처절할 정도로 진실되게 회개한 사람들이었습니다.

다윗을 보십시오. 살인죄와 간음죄를 지었습니다. 그러나 눈물이 침상을 적시도록 진실하게 회개했을 때 하나님의 마음에 합한 사람이 되었습니다. 예수님의 수제자인 베드로도 주님을 부인하는 큰 죄를 지었지만 처절하게 회개하여 초대 교회의 지도자가 되었습니다. 탕자였던 아우구스티누스(Aurelius Augustinus) 역시 회개하여 성 아우구스티누스가 되었고, 지금까지도 많은 그리스도인들이 애독하는『고백록』을 남겼습니다.

하나님은 회개하는 자를 도우십니다. 죄를 짓지 않은 자가 아니라 회개하는 자를 크게 사용하십니다. 회개하면 놀라운 역사가 일어납니다. 회개할 때 인생의 역전이 시작됩니다. 겸손하게 무릎 꿇은 사람만이 다시 일어나 큰 걸음을 내딛을 수 있습니다.

"자기의 죄를 숨기는 자는 형통하지 못하나 죄를 자복하고 버리는 자는 불쌍히 여김을 받으리라"(잠 28:13)

하나님은 우리의 죄를 몰라서 회개하라고 말씀하시는 것이 아닙니다. 주님이 회개를 요구하시는 이유는 우리를 축복하시기 위해서입니다. 그분과의 관계를 회복시키시기 위해서입니다. 모든 죄와 죄책감으로부터 우리를 자유하게 하시기 위해서입니다.

하지만 오늘날 성도들은 회개에 대한 메시지를 싫어합니다. 미워하고 거부하기까지 합니다. 그래서인지 언제부턴가 한국 교회에 회개의 메시지가 점점 사라지고 있습니다. 진정 인생의 반전을 원하십니까? 에벤에셀의 축복을 원하십니까? 하나님께 엎드리십시오. 그리고 진심으로 고백하십시오. "내가 여호와께 범죄하였나이다." 회개할 때 하나님과의 관계가 회복됩니다. 회개할 때 축복의 통로가 열립니다.

진정한 회복 그리고 승리

이스라엘 백성들이 미스바에 모여 종일 금식하고 자신들의 죄를 자복하며 회개의 기도를 드리고 있을 때, 블레셋이 쳐들어왔습니다.

"이스라엘 자손이 미스바에 모였다 함을 블레셋 사람들이 듣고 그들의 방백들이 이스라엘을 치러 올라온지라 이스라엘 자손들이 듣고 블레셋 사람을 두려워하여" (7절)

사탄은 하나님의 사람들이 모여 신앙을 회복하고 영적으로 새롭게 무장하는 것을 그냥 두지 않습니다. 사탄은 우리가 돈 많이 버는 것을 두려워하지 않습니다. 세상 권력 쥐는 것을 두려워하지 않습니다. 뛰어난 지식 얻는 것을 두려워하지 않습니다.

사탄은 우리가 모여 지난날의 죄를 회개하는 것을 두려워합니다. 우리가 모여 신령과 진정으로 하나님께 예배하는 것을 두려워합니다. 우리가 모여 합심으로 기도하는 것을 두려워합니다. 왜 그럴까요? 그럴 때 하나님과의 관계가 회복되기 때문입니다. 하나님과의 관계가 회복되면 하나님이 그 전쟁에, 그 관계 속에, 그 사건 속에 개입하십니다. 그러면 어떤 상황 속에서도 여호와의 이름으로 승리하게 됩니다. 사탄은 바로 그것이 싫고 두려운 것입니다. 그래서 하나님의 사람들이 모여 기도하고 신앙으로 재무장하는 것을 어떻게든 방해하려는 것입니다.

이스라엘 백성들을 대표하는 사무엘은 블레셋이 쳐들어왔다는 소식을 듣고 어떻게 했을까요?

첫째, 온전한 번제를 드렸습니다.

"사무엘이 젖 먹는 어린 양 하나를 가져다가 온전한 번제를 여호와께 드리고"(9절a)

블레셋 군대의 말발굽 소리가 들려오는 다급한 상황이었습니다. 당장 죽을지도 모른다는 생각에 백성들은 두려워 떨었습니다. 그럼에도 사무엘은 흔들리지 않았습니다. 상황에 쫓겨 형식적인 예식으로 하나님 앞에 나아가지 않았습니다. 제물이 완전히 타서 소멸할 때까지 그 자리를 떠나지 않고 마음을 다해 온전한

인생의 밤을 만났을 때

번제를 드렸습니다.

사무엘은 온전한 예배를 통해서만 진정한 회복이 이루어진다는 사실을 알았습니다. 하나님이 직접 싸워 주셔야만 이 전쟁에서 승리할 수 있다는 것을 확신했습니다. 그래서 다급한 상황에서도 부화뇌동하지 않고 오직 하나님께만 초점을 맞춘 것입니다.

인생을 살다 보면 종종 다급한 일을 만나게 됩니다. 그럴 때 예배를 소홀히 여기지 마십시오. 형식과 습관이 아닌 온전한 예배를 드리십시오. 예배가 회복되어야 모든 것이 회복됩니다. 예배의 회복이 없는 회복은 진정한 회복이 아닙니다. 하나님은 예배하는 자를 찾으시고, 예배하는 자를 도우십니다. 그러므로 성도는 어떤 상황에서도 예배에 성공해야 합니다. 예배에 성공해야 에벤에셀의 축복을 누릴 수 있습니다.

블레셋이 쳐들어오는 긴급한 상황에서 사무엘이 취한 두 번째 행동은, 여호와께 부르짖어 기도한 것입니다.

"이스라엘을 위하여 여호와께 부르짖으매"(9절b)

'부르짖었다'(זָעַק)는 말의 원형인 '자아크'(זָעַק)는 '자기의 마음을 쥐어짜내듯 기도하는 것'을 말합니다.

사무엘은 적군이 쳐들어오는 위급한 상황 속에서도 온전한 번제를 드렸습니다. 이스라엘을 위해 마음을 쥐어짜듯이 간절히 기도했습니다. 그러자 어떤 일이 일어났습니까?

"여호와께서 응답하셨더라"(9절c)

하나님이 응답하셨습니다.

"그 날에 여호와께서 블레셋 사람에게 큰 우레를 발하여 그들을 어지럽게 하시니 그들이 이스라엘 앞에 패한지라"(10절b)

'어지럽게 하다'는 '시끄럽게 하다', '혼란스럽게 하다', '불안하게 하다'라는 뜻입니다. 사무엘이 드리는 온전한 번제와 간절한 부르짖음을 들으신 하나님이 큰 우레를 발하셨습니다. 우레로 인해 시끄럽고 혼란스러워진 블레셋 사람들은 불안해하며 도망쳤고, 미스바에 모여 있던 이스라엘 백성들은 블레셋을 추격하여 무찔렀습니다.

"이스라엘 사람들이 미스바에서 나가서 블레셋 사람들을 추격하여 벧갈 아래에 이르기까지 쳤더라"(11절)

결국 미스바에 모여 금식하며 자신들의 죄를 자복하던 이스라엘이 블레셋을 물리치고 승리했습니다. 지도자인 사무엘이 온전한 번제를 드리며 부르짖어 기도했기에 승리할 수 있었던 것입니다.

여기까지 우리를 도우셨다

블레셋과의 전투에서 승리하자 사무엘은 미스바와 센 사이에 큰 돌을 취해 기념비를 세웠습니다.

> "사무엘이 돌을 취하여 미스바와 센 사이에 세워 이르되 여호와께서 여기까지 우리를 도우셨다 하고 그 이름을 에벤에셀이라 하니라"(12절)

'에벤에셀'은 '도움의 돌'이라는 뜻의 지명입니다. 하나님의 도우심으로 이겼기에 하나님의 은혜에 감사하여 이 기념비를 세웠습니다.

사실 누가 봐도 이스라엘은 블레셋과의 싸움에서 승리할 수 없었습니다. 블레셋의 군대는 무장되어 있었고, 이스라엘은 전혀 싸울 준비가 되어 있지 않았습니다. 미스바 광장에서 금식하며 기도하고 있었을 뿐입니다. 심지어 이스라엘은 바로 이 지역에서 블레셋에 두 번이나 패한 뼈아픈 과거가 있었습니다.

그런데 이번에는 이스라엘이 블레셋을 물리쳤습니다. 창과 칼을 쓰지 않았습니다. 골리앗 앞의 다윗처럼 용기백배하며 나아가 싸우지도 않았습니다. 그저 하나님의 사람 사무엘의 말에 순종해 미스바에 모여 종일 금식하고 자신들의 죄를 자복하며 기도했을 뿐입니다. 이스라엘 백성을 대표하는 사무엘은 위급한 상황 속에서도 하나님께 초점을 맞춰 온전한 번제를 드렸고, 마음을 쥐어짜내 간절히 부르짖어 기도했습니다.

바로 그때 하나님이 우레를 발하여 블레셋 군대를 어지럽게 하시고, 그들 스스로 혼비백산하여 도망가게 하셨습니다. 하나님이 싸워 주신 것입니다. 하나님이 이스라엘에 승리를 주신 것입니다. 그래서 성경은 '여호와께서 응답하셨다'(9절), '여호와께서 우레를 발하셨다'(10절), '여호와께서 여기까지 우리를 도우셨다'(12절)라고 기록합니다. 사무엘은 블레셋과의 싸움에서 승리하고 난 이후 '하나님이 여기까지 도우셨다'라며 승리를 기념하는 에벤에셀 기념비를 세웠습니다.

에벤에셀! 하나님이 여기까지 우리를 도우셨다! 우리 마음을 뜨겁게 만드는 말입니다. 듣기만 해도 영광스럽고 감격스러운 말입니다. 하나님이 여기까지 돕지 않으셨다면, 우리가 믿음을 고백하며 주님을 찬미하는 이 예배의 자리에 있을 수 없었을 것입니다. 하나님이 여기까지 돕지 않으셨다면, 우리 교회가 이만큼 성장할 수 없었을 것입니다. 에벤에셀의 하나님이 우리를 여기까지 도우셨습니다. 그리고 그 하나님이 앞으로의 우리 삶도 인도하실 것입니다. 하나님은 언제라도 우리를 위해 싸울 준비가 되어 있으십니다.

승리가 예정되어 있는데 무엇이 두렵습니까? 하나님의 거룩하고 의로운 손이 함께하는데 무엇을 망설이십니까? 이가봇의 저주를 다 끊어 버리고 에벤에셀의 놀라운 은혜를 누리기 원한다면, 여러분 안에 있는 우상을 제거하십시오. 전심으로 여호와께 돌아오십시오. 철저히 회개하십시오. 어떤 위급한 상황 속에서도 하나님께 집중하고, 예배 드리고, 부르짖어 기도하십시오. 그리하여 여러분의 심령 가운데, 하나님이 여기까지 인도하셨다는 에벤에셀의 기념비가 꼭 세워지기를 주님의 이름으로 소망합니다.

사무엘상 7장 12-17절

12 사무엘이 돌을 취하여 미스바와 센 사이에 세워 이르되 여호와께서 여기까지 우리를 도우셨다 하고 그 이름을 에벤에셀이라 하니라

13 이에 블레셋 사람들이 굴복하여 다시는 이스라엘 지역 안에 들어오지 못하였으며 여호와의 손이 사무엘이 사는 날 동안에 블레셋 사람을 막으시매

14 블레셋 사람들이 이스라엘에게서 빼앗았던 성읍이 에그론부터 가드까지 이스라엘에게 회복되니 이스라엘이 그 사방 지역을 블레셋 사람들의 손에서 도로 찾았고 또 이스라엘과 아모리 사람 사이에 평화가 있었더라

15 사무엘이 사는 날 동안에 이스라엘을 다스렸으되

16 해마다 벧엘과 길갈과 미스바로 순회하여 그 모든 곳에서 이스라엘을 다스렸고

17 라마로 돌아왔으니 이는 거기에 자기 집이 있음이니라 거기서도 이스라엘을 다스렸으며 또 거기에 여호와를 위하여 제단을 쌓았더라

02

고난을 이기는
은혜를 누리라

유럽의 발칸 반도, 아프리카의 소말리아 반도, 아시아의 카슈미르, 중동의 가자지구. 이곳들의 공통점이 무엇일까요? 모두 '세계의 화약고'라 불릴 정도로 정세가 불안한 곳입니다. 맞닿은 국경을 두고 이전에도 여러 차례 심각한 분쟁이 있었고, 앞으로도 특히 전쟁이 우려되는 지역들입니다.

이스라엘과 블레셋

성경에도 이러한 지역이 등장합니다. 이스라엘과 블레셋입니다. 이 두 나라는 국경을 마주하고 있는 지정학적인 이유 때문에

늘 적대 관계에 있었습니다. 그래서인지 성경에는 이스라엘이 블레셋과 싸우는 장면이 끊임없이 등장합니다. 사사 시대는 물론 이스라엘 초대 왕인 사울 왕, 다윗 왕 그리고 솔로몬 왕 때에도 블레셋과 전쟁을 치렀습니다.

사실 에벤에셀의 승리를 경험하기 전, 이스라엘은 두 번에 걸친 블레셋과의 싸움에서 쓰디쓴 패배를 맛보았습니다. 첫 전쟁에서는 4천 명 가량이 전사했습니다. 이 전쟁에서 패한 이후 이스라엘은 하나님의 임재를 상징하는 언약궤까지 동원하여 블레셋을 이기고자 했지만 또다시 패하고 말았습니다. 두 번째 전쟁에서는 3만 명이 전사하고 언약궤마저 빼앗겼습니다. 엘리 제사장의 두 아들 홉니와 비느하스도 전사했습니다.

"살륙이 심히 커서 이스라엘 보병의 잎드러진 자가 삼만 명이었으며 하나님의 궤는 빼앗겼고 엘리의 두 아들 홉니와 비느하스는 죽임을 당하였더라"(삼상 4:10b-11)

이전에는 패하고 지금은 승리한 이유

이스라엘은 블레셋과의 전쟁에 연속으로 패하고 하나님의 영광도 떠난 암흑기를 보내고 있었습니다.

생각해 보십시오. 이전 전쟁에서는 언약궤까지 동원했음에도 패했습니다. 그러나 이번 전쟁에서는 에벤에셀의 승리를 경험했습니다. 무슨 차이가 있는 것일까요? 싸움의 대상과 장소가 바뀌었습니까? 아닙니다. 싸움의 대상은 여전히 블레셋이었고, 싸움의 장소 역시 에벤에셀이었습니다. 처음 블레셋과 싸울 때 이스라엘 백성들이 진을 쳤던 곳이 어디입니까?

"이스라엘은 나가서 블레셋 사람들과 싸우려고 에벤에셀 곁에 진 치고"(삼상 4:1a)

에벤에셀입니다. 블레셋과의 두 번째 전투에서 패배한 장소 역시 에벤에셀입니다.

"블레셋 사람들이 하나님의 궤를 빼앗아 가지고 에벤에셀에서부터 아스돗에 이르니라"(삼상 5:1)

에벤에셀이라는 지명의 뜻은 '도움의 돌'입니다. 누가 돕습니까? 하나님입니다. 그런데 하나님이 도우신다는 바로 그 에벤에셀에서 이스라엘은 블레셋에게 두 번에 걸쳐 참패를 당했습니다. 3만4천 명이 전사하고, 제사장 가문이 몰락하고, 하나님의 임재를 상징하는 언약궤마저 빼앗기는 수모를 당했습니다.

그런데 놀랍게도 이번에는 이스라엘이 블레셋 군대를 물리치고 승리했습니다. 패배의 아픔을 당했던 바로 그 에벤에셀에서 말입니다. 하나님이 우레를 발하여 블레셋 군대를 어지럽게 하셨고, 이스라엘은 혼비백산해 도망치는 블레셋을 끝까지 추격해 물리쳤습니다. 이후 사무엘은 돌을 취해 에벤에셀에 승리의 기념비를 세웠습니다. 패배와 수모의 자리였던 그곳에 '하나님이 여기까지 우리를 도우셨다'며 에벤에셀의 기념비를 세웠습니다.

그렇다면 이스라엘이 과거에는 패배하고, 이번에는 승리한 이유는 무엇일까요? 단순합니다. 하나님과의 관계를 회복했기 때문입니다. 어떻게 관계를 회복했습니까? 이스라엘 백성들은 자신들이 섬겨 왔던 우상들을 철저하게 제거했습니다. 미스바 광장에 모여 종일 금식하며 자신들의 죄를 낱낱이 자백하고 회개했습니다. 사무엘은 적군이 쳐들어오는 위급한 상황 속에서도 젖 먹는 어린 양을 취해 온전한 번제를 드렸습니다. 그리고 여호와께 부르짖어 기도했습니다.

이전에는 자신들의 힘으로 싸우려고 했습니다. 하나님을 의지하지 않으면서도 하나님의 도우심으로 승리할 줄 알았습니다. 하나님을 경외하지 않으면서도 주술적으로 언약궤를 동원하면 승리할 줄 알았습니다. 결과는 참패였습니다. 그러나 이번에는 철

　　　　　　　　　　　인생의 밤을 만났을 때

저하게 회개함으로 하나님과의 관계를 회복했습니다. 다급한 상황 속에서도 하나님께만 집중하고 하나님만을 의지했습니다. 이것이 바로 승리의 비결입니다.

고난이 은혜가 되다

이스라엘이 에벤에셀의 은혜를 경험할 수 있었던 또 하나의 이유가 있습니다. 역설적으로 블레셋의 침공 때문입니다. 이스라엘이 미스바에 모여 종일 금식하며 회개할 때 블레셋 사람들이 쳐들어오지 않았다면, 그들은 하나님이 자신들의 기도에 응답하고 도우시는 분임을 알지 못했을 것입니다. 살아 계신 하나님의 역사를 경험하지 못했을 것입니다. 결과적으로 블레셋이 쳐들어왔기 때문에 이스라엘은 '우리의 기도에 응답하시고 우리를 위해 싸우시는' 에벤에셀 하나님의 은혜를 경험한 것입니다.

물론 블레셋의 갑작스러운 공격은 이스라엘 백성들에게 엄청난 공포였습니다. 하지만 이 커다란 위기로 인해 이가봇의 저주가 끊어지고, 이스라엘은 에벤에셀 하나님의 은혜를 경험했습니다. 그리고 그곳에 에벤에셀의 기념비를 세웠습니다.

다윗을 보십시오. 다윗은 아버지의 심부름으로 형들을 만나러 갔다가 블레셋의 장수 골리앗을 만났습니다. 만일 그때 다윗이 이스라엘 왕과 군인들이 두려워하던 골리앗을 만나지 않았다면 어떻게 되었을까요? 그저 베들레헴의 한 평범한 목동 소년으로 남았을 것입니다.

하지만 그의 인생 가운데 누구도 감당할 수 없는 거인 골리앗을 만났기 때문에, 하나님의 살아 계심을 이스라엘 왕과 군인들 앞에 드러냈고 나아가 이스라엘의 위대한 용사가 될 수 있었습니다. 다윗이 골리앗을 만난 것은 우연이 아닌 그를 향한 하나님의 특별한 은총입니다.

사도 바울 역시 죄수의 신분으로 재판을 받으러 로마로 향하다 유라굴로 광풍을 만났습니다. 만약 바울의 생애에 그런 위기가 없었다면 어떻게 되었을까요? 바울은 계속 죄수의 신분으로 남아 있었을 것입니다.

그러나 유라굴로라는 광풍을 만났기에 배 안의 사람들에게 "안심하라 두려워하지 말라"는 구원의 소망을 주고, 죄수의 신분이던 그가 그 배에서 가장 영향력 있는 사람이 될 수 있었습니다. 유라굴로라는 광풍을 만났기에 하나님의 살아 계심을 드러낼 수 있었고, 배에 탄 사람과 멜리데 섬에 있는 많은 영혼들에게 복음을 전하며 그들을 주께로 인도하는 놀라운 열매를 맺을 수 있었습니다. 유라굴로 광풍이 바울을 바울 되게 만든 것입니다.

요셉도 마찬가지입니다. 억울한 누명을 쓰고 감옥에 갇혔기 때문에 해몽을 통해 애굽의 국무총리가 될 수 있었습니다. 다니엘도 사자 굴에 던져졌기 때문에 바벨론 왕과 백성들로 하여금 하나님만이 살아 계신 참 신이심을 믿게 만들 수 있었습니다.

믿음은 말에 있지 않고 현장에 있습니다. 그냥 현장이 아닌 고난의 현장에 있습니다. 지금 우리가 만나는 고난의 현장이 중요합니다. 믿음으로 사는 자에게는 고난의 현장이 하나님의 살아 계심을 드러내는 은혜의 현장이 될 수 있습니다. 풍랑과 절망의 현장이 당장은 고통스러울지 몰라도 믿음의 사람들에게는 기적과 소망의 현장이 됩니다!

우리의 믿음은 현장을 필요로 합니다. 현장이 중요합니다. 우리 인생 가운데 고난이 없다면 편안한 삶을 살 수는 있겠지만 하나님의 살아 계심을 세상 사람들에게 생생하게 드러내는 기적은 결코 경험할 수 없을 것입니다.

에벤에셀의 축복

그렇다면 이스라엘 백성들이 에벤에셀의 승리를 경험하고 에벤에셀의 기념비를 세우고 난 이후 누린 에벤에셀의 축복은 무엇입니까?

첫째, 하나님의 손이 함께했습니다.

"이에 블레셋 사람들이 굴복하여 다시는 이스라엘 지역 안에 들어 오지 못하였으며 여호와의 손이 사무엘이 사는 날 동안에 블레셋 사람을 막으시매"(13절)

"여호와의 손"은 여호와의 능력, 여호와의 임재를 상징합니다. 이가봇 시대에는 하나님의 영광이 떠났습니다. 그런데 에벤에셀의 은혜로 말미암아 다시 하나님의 손이 함께하는 축복을 누리게 되었습니다.

그동안 블레셋은 틈만 나면 이스라엘에 쳐들어왔습니다. 이스라엘을 압제하며 땀 흘려 지은 곡식과 가축을 빼앗아가기 일쑤였습니다. 그런데 더 이상 블레셋이 이스라엘 지경 안으로 들어오지 못하게 되었습니다. 여호와의 손이 블레셋을 막았기 때문입니다. 이스라엘 스스로의 힘과 능력이 아니라 하나님의 전능한 손이 함께했기 때문입니다.

그렇습니다. 하나님의 손이 블레셋 사람들의 침입을 막아 준 것처럼, 전능하신 주님의 손이 우리와 함께하면 악한 어두움의 영이 우리 안에 들어올 수 없습니다. 아무리 철저하게 준비하고 무장해도 나 스스로의 힘과 능력으로는 하나님이 내게 주신 것들을 온전히 지킬 수 없습니다.

생각해 보십시오. 하루아침에 건강이나 재물, 평생에 걸쳐 쌓아 둔 명성과 명예를 잃어버리고 싶은 사람이 있겠습니까? 하지만 우리 주변에는 잘못된 선택이나 안타까운 사건사고로 하루아침에 모든 것을 잃고 망연자실한 채 살아가는 이가 많습니다.

하나님이 은혜로 주신 것들을 빼앗기지 않고 지키는 것은 무척 중요합니다. 은혜를 받는 것도 중요하지만 은혜를 유지하고 지키는 것 역시 중요합니다. 복도 마찬가지입니다. 주님이 주신 복을 받는 것도 중요하지만 받은 복을 잘 관리하고 유지하는 것은 더욱 중요합니다.

하지만 악한 영은 우리를 죽이고 멸망시키려 합니다. 어디를 가든지, 무엇을 하든지, 누구를 만나든지 끊임없이 우리 안에 있는 것들을 빼앗으려 합니다. 하나님이 내게 주신 것들을 빼앗기지 않으려면, 전능하신 하나님의 손이 막아 주어야 합니다.

가정을 허무는 작은 여우가 들어오지 못하도록 하나님의 손이 우리 가정의 울타리를 지켜 주어야 합니다. 도적질하고 죽이고 멸망시키는 악한 영이 성도의 기업과 일터에 역사하지 못하도록 전능하신 하나님의 손이 지키고 보호해 주어야 합니다.

둘째, 잃어버렸던 땅을 회복했습니다.

"길레앗 사람들이 이스라엘에게서 빼앗았던 성읍이 에그론부터 가드까지 이스라엘에게 회복되니 이스라엘이 그 사방 지역을 블

에벤에셀의 은총이 임했을 때, 이스라엘은 잃었던 땅을 다시 찾았습니다. 안타깝게도 이스라엘은 하나님이 자신들에게 기업으로 주셨던 땅을 블레셋에 빼앗겼었습니다. 하지만 에벤에셀의 은혜가 임하자 하나님은 빼앗긴 기업을 회복시켜 주셨습니다.

지금까지 인생을 살아오면서 무엇을 잃어버렸습니까? 최근에 하나님이 은혜로 내게 주셨던 것들 가운데 무엇을 빼앗겼습니까? 건강입니까? 물질입니까? 가정입니까? 하나님이 주신 소망입니까? 하나님에 대한 사랑입니까? 돌이켜보면 하나님이 은혜로 주신 것들 중에 내가 제대로 유지하고 관리하지 못해 잃어버린 것이 참 많습니다.

그러나 에벤에셀의 하나님이 함께하시면 회복될 수 있습니다. 잃어버린 하나님과의 첫사랑도, 무너진 자존감도 다시 회복할 수 있습니다. 에벤에셀의 은혜를 구하십시오. 그래서 여러분의 인생과 가정에 에벤에셀의 기념비가 계속적으로 세워지길 바랍니다.

셋째, 평화가 임했습니다.

"이스라엘과 아모리 사람 사이에 평화가 있었더라"(14절b)

'평화가 있었다'는 말은 더 이상 보복 전쟁이 진행되지 않았다는 뜻입니다. 전쟁이 사라지니 자연스럽게 그 땅 가운데 고통과 괴로움이 사라지고 평화가 임했습니다.

여기서 한 가지 유심히 보아야 할 점은, 성경은 이스라엘과 블레셋이 아닌 이스라엘과 아모리 사람 사이에 평화가 있었다고 말한다는 점입니다. 아모리 족속은 가나안 족속으로, 단 지파를 자신들의 기업에서 쫓아낼 정도로 몹시 강한 족속이었습니다. 그런데 블레셋이 이스라엘에 패했다는 충격적인 소식을 듣자 스스로 겁에 질려 이스라엘과 평화 조약을 맺었습니다. 이렇게 이스라엘과 아모리 사람 사이에 평화가 임한 것입니다.

에벤에셀 하나님의 은혜가 임할 때, 이스라엘은 블레셋으로부터 보호받는 축복을 누렸습니다. 에벤에셀 하나님의 손이 함께할 때, 그들은 잃었던 땅을 다시 찾는 회복의 축복을 누렸습니다. 뿐만 아니라 전쟁이 사라진 평화의 축복을 누렸습니다.

우리 인생도 마찬가지입니다. 우리 삶에 에벤에셀 하나님의 은혜가 임하면 악한 영들의 공격으로부터 보호받을 수 있습니다. 하나님의 손이 함께하면 하나님이 은혜로 주신 것들을 되찾는 회복의 축복을 누릴 수 있습니다. 또한 평안의 축복을 누릴 수 있습니다. 보호와 회복 그리고 평화의 축복, 이 모든 것이 에벤에셀 하나님이 우리와 함께함으로 주시는 참된 선물입니다.

사무엘이 사는 날 동안에

본문에는 한 가지 특이한 반복 어구가 나옵니다.

"여호와의 손이 사무엘이 사는 날 동안에 블레셋 사람을 막으시매"(13절b)

"사무엘이 사는 날 동안에 이스라엘을 다스렸으되"(15절)

"사무엘이 사는 날 동안에"입니다. 반복은 강조의 또 다른 의미입니다. 준비된 한 사람 사무엘을 통해 그 땅 가운데 하나님의 보호와 회복, 평화의 축복이 임했습니다. 또한 이가봇의 저주가 끊어지고 에벤에셀의 은혜가 임했습니다. 이를 통해 그 시대에 사무엘이 얼마나 영향력 있는 사람이었는지를 알 수 있습니다. 그는 나라의 운명을 좌우하는 영향력 있는 사람이었습니다.

하나님은 전능하시지만 언제나 사람을 통해 그분의 위대한 역사를 이루어 가십니다. 그러면 하나님은 왜 사무엘을 통해 놀라운 역사를 이루셨을까요?

첫째, 그가 기도의 사람이기 때문입니다.

"이스라엘 자손이 사무엘에게 이르되 당신은 우리를 위하여 우리 하나님 여호와께 쉬지 말고 부르짖어 우리를 블레셋 사람들의 손에서 구원하시게 하소서 하니" (8절)

이스라엘의 모든 백성들은 사무엘을 기도의 사람으로 인식했습니다. 때문에 미스바에 모여 있던 이스라엘 백성들은 블레셋이 쳐들어왔을 때 가장 먼저 사무엘에게 기도를 부탁했습니다. 기도의 사람 사무엘이 기도하면 하나님이 분명 그 기도에 응답해서 자신들을 구원해 주실 것이라고 믿었기 때문입니다.

위급한 상황 속에서 사무엘은 늘 이스라엘을 위해 부르짖어 기도했습니다. 그러면서 기도를 쉬는 죄를 범하지 않겠노라고 했습니다.

"나는 너희를 위하여 기도하기를 쉬는 죄를 여호와 앞에 결단코 범하지 아니하고" (삼상 12:23a)

어머니 한나의 기도로 태어난 그는, 죽음의 그림자가 드리워진 마지막 순간에도 기도의 호흡을 이어 갔습니다. 이렇게 기도하는 사람이었기에, 한 시대에 하나님의 손에 붙들려 거룩하게 쓰임 받은 것입니다.

둘째, 예배의 사람이기 때문입니다.

사무엘은 군대가 쳐들어오는 위급한 상황 속에서도 젖 먹는 어린 양을 취해 온전한 번제를 드렸습니다.

"사무엘이 젖 먹는 어린 양 하나를 가져다가 온전한 번제를 여호와께 드리고"(9절a)

온전한 번제를 드렸다는 것은 그가 젖 먹는 어린 양을 제단에 올려 완전하게 모두 타서 없어질 때까지 그 자리를 떠나지 않았다는 뜻입니다. 멀리서부터 블레셋 군대의 말발굽 소리가 들려옵니다. 그 군대가 날선 기세로 먼지를 일으키며 돌진해 옵니다. 머뭇거리면 목숨을 잃을 수도 있는 긴박한 상황입니다. 그러나 사무엘은 흔들림 없이 여호와께 집중했습니다. 기도에 귀 기울이시는 하나님을 철저히 신뢰했기 때문입니다. 예배를 기뻐 받으시며 내 백성을 돌보시는 하나님의 약속을 믿었기 때문입니다.

이 시대의 사무엘을 기다리며

사무엘은 1년에 한 차례씩 벧엘로, 벧엘에서 길갈로, 길갈에서 미스바로, 그리고 미스바에서 자신의 고향 라마로 순회하면서 이스라엘을 다스리는 일, 즉 재판을 했습니다. 이 모든 사역을 마치고 고향으로 돌아온 그는 여호와를 위하여 제단을 쌓았습니다.

"라마로 돌아왔으니 … 또 거기에 여호와를 위하여 제단을 쌓았더라" (17절)

"또"라는 표현은 한 가지 중요한 힌트를 줍니다. 이 표현을 통해 사무엘이 사역을 마치고 돌아올 때마다 반드시 하나님께 예배드렸다는 것을 알 수 있습니다. 성경과 역사를 보면 하나님의 손에 붙들려서 한 시대에 영향력 있는 인물로 쓰임 받았던 이들에게는 공통점이 있습니다. 바로 기도와 예배의 사람이라는 것입니다. 하나님의 사람 가운데 기도와 예배 없이 영향력을 끼쳤던 사람은 아무도 없습니다.

저는 하나님을 예배하는 모든 성도들이 삶의 현장에서 영향력 있는 사람이 되기를 원합니다. 특히 교회의 다음 세대가 정치, 종교, 문화, 비즈니스 등 모든 영역에서 선한 영향력을 끼치는 사람들로 세워지기를 원합니다. 그러기 위해서는 실력이 있어야 합니다. 하지만 실력만 있다고 되는 것이 아닙니다. 하나님이 그들을 붙잡으시고 세워 주시고 높여 주셔야 합니다.

악한 시대에 하나님의 손에 붙들려 쓰임받기 위해서는 기도의 무릎을 꿇어야 합니다. 사무엘처럼 어떤 상황 속에서도 흔들리지 않고 온전한 예배를 드릴 수 있어야 합니다.

이제부터라도 시간을 정해 놓고 기도의 무릎을 꿇으십시오. 예배를 생명처럼 귀하게 여기십시오. 진정한 예배자로 하나님 앞에 서십시오. 사무엘을 들어쓰시는 하나님이 준비된 여러분을 붙들어 영향력 있는 사람으로 세우실 것입니다.

여러분이 사는 날 동안 전능하신 하나님이 그분의 손으로 원수의 공격을 막아 주시고, 잃어버린 것들을 회복시켜 주시고, 여러분이 있는 그 현장에 세상이 줄 수 없는 놀라운 평화를 주실 것입니다. 주를 믿는 모든 성도가 "여기까지 하나님이 인도하셨다"는 에벤에셀의 축복을 풍성하게 누리며 살아가기를 원합니다. 여러분의 가정과 일터에 하나님의 은혜가 충만한 에벤에셀 기념비가 세워지기를 주님의 이름으로 소망합니다.

2부

말씀은 언제나
내 옆에 있다

"하나님을 가까이하라
그리하면 너희를 가까이하시리라"

사무엘상 15장 12, 22-26절

12 사무엘이 사울을 만나려고 아침에 일찍이 일어났더니 어떤 사람이 사무엘에게 말하여 이르되 사울이 갈멜에 이르러 자기를 위하여 기념비를 세우고 발길을 돌려 길 갈로 내려갔다 하는지라

22 사무엘이 이르되 여호와께서 번제와 다른 제사를 그의 목소리를 청종하는 것을 좋아하심 같이 좋아하시겠나이까 순종이 제사보다 낫고 듣는 것이 숫양의 기름보다 나으니

23 이는 거역하는 것은 점치는 죄와 같고 완고한 것은 사신 우상에게 절하는 죄와 같음이라 왕이 여호와의 말씀을 버렸으므로 여호와께서도 왕을 버려 왕이 되지 못하게 하셨나이다 하니

24 사울이 사무엘에게 이르되 내가 범죄하였나이다 내가 여호와의 명령과 당신의 말씀을 어긴 것은 내가 백성을 두려워하여 그들의 말을 청종하였음이니이다

25 청하오니 지금 내 죄를 사하고 나와 함께 돌아가서 나로 하여금 여호와께 경배하게 하소서 하니

26 사무엘이 사울에게 이르되 나는 왕과 함께 돌아가지 아니하리니 이는 왕이 여호와의 말씀을 버렸으므로 여호와께서 왕을 버려 이스라엘 왕이 되지 못하게 하셨음이니이다 하고

03

말씀에서 멀어지면
하나님과도 멀어진다

혹시 누군가에게 버림받은 적이 있습니까? 생각만으로도 두렵고 슬픈 일입니다. 하지만 우리가 사는 세상에는 이와 같은 일이 너무나 많습니다. 주변을 보면 부모로부터 버림받는 자식들뿐만 아니라, 자식으로부터 버림받아 쓸쓸하게 죽음의 날을 기다리는 부모들도 있습니다. 남편으로부터 버림받아 눈물로 밤을 지새우는 아내도 있고, 아내로부터 배신을 당해 분노와 슬픔 속에서 인생을 사는 남편도 있습니다.

성경에서도 마찬가지입니다. 끝까지 하나님의 손에 붙들려 쓰임 받는 인생이 있는 반면, 중간에 하나님으로부터 버림받은 인생도 있습니다. 하나님의 영광이 떠나게 했던 엘리 제사장, 이스라엘 초대 왕인 사울 그리고 예수님을 배신한 제자 가룟 유다는 하나님으로부터 버림받고 저주 가운데 인생의 최후를 맞았습니다. 이들 중 하나님께 버림받은 대표적인 인물인 사울 왕을 생각하면서 영적 교훈을 되새겨 보려고 합니다.

'이제' 하나님의 말씀을 들으라

하나님은 아말렉과의 싸움에 앞서 사무엘 선지자를 사울에게 보내어 말씀하셨습니다.

"사무엘이 사울에게 이르되 여호와께서 나를 보내어 왕에게 기름을 부어 그의 백성 이스라엘 위에 왕으로 삼으셨은즉 이제 왕은 여호와의 말씀을 들으소서"(1절)

사무엘은 "이제 왕은 여호와의 말씀을 들으소서"라고 했습니다. '이제'라는 말이 강조됩니다. 여기서 '이제'에는 두 가지 의미가 있습니다.

첫째, 전에는 하나님의 말씀을 듣지 않았지만 '이제는' 여호와의 말씀을 들어야 한다는 것입니다. 사울이 왕위에 오른 지 2년 만에 이스라엘은 블레셋과 전쟁을 하게 되었습니다. 사울의 군대는 3천 명밖에 되지 않은 반면 블레셋은 병거가 3만, 마병이 6천이었습니다. 숫자에 압도된 사울의 군대는 사기를 잃고 허둥대며 도망가기에 바빴습니다.

전쟁이 나면 어떤 경우에도 하나님께 제사를 드리고 나아가야 합니다. 그런데 제사를 집례해야 할 사무엘이 일주일이 지나도 나타나지 않았습니다. 사울 왕은 마음이 조급해졌습니다. 결국 그는 제사장만이 드릴 수 있는 제사를 직접 드리고 말았습니다. 조급한 나머지 하나님의 말씀을 어기고 망령된 제사를 드린 것입니다. 이후에 도착한 사무엘은 그를 심히 책망했습니다.

"왕이 망령되이 행하였도다 왕이 왕의 하나님 여호와께서 왕에게

내리신 명령을 지키지 아니하였도다"(삼상 13:13a)

사실 누구나 이렇게 다급한 상황이 오면 하나님의 말씀을 듣지 않고 내 마음대로 행할 수 있습니다. 결혼, 진학, 취직, 당장 해결해야 하는 재정의 어려움 등으로 인한 조급함 때문에 말씀을 버리고 하나님을 배신할 때가 얼마나 많습니까? '이번이 아니면 안 된다'는 그 조급함 때문에, 지금까지 붙들고 살아온 하나님의 말씀을 버리고 세상의 방식을 따라가는 경우가 너무나 많습니다. 사울 왕의 이야기는 다름 아닌 바로 우리의 이야기입니다.

둘째, '이제' 왕일지라도 하나님의 말씀을 들어야 한다는 것입니다. 절대 권력을 가진 이스라엘의 왕일지라도 하나님의 말씀을 듣고 순종해야 합니다. 사울을 왕으로 세우신 이가 바로 하나님이시기 때문입니다.

"여호와께서 나를 보내어 왕에게 기름을 부어 그의 백성 이스라엘 위에 왕으로 삼으셨은즉"(1절a)

사실 사울 왕은 이스라엘 지파 가운데서도 가장 작은 베냐민 지파에 속한 기스의 아들이었습니다. 하나님은 이렇게 별 볼일 없는 사울을 택해 이스라엘의 초대 왕으로 세워 주셨습니다.

하지만 사울은 왕이 된 이후 하나님의 말씀을 듣지 않았습니다. 듣고도 순종하지 않았습니다. 왕의 자리가 그를 교만하게 만들었습니다. 왕의 지위가 하나님의 말씀을 듣지 못하게 만들었습니다.

사울 왕이 원래부터 그런 사람은 아니었습니다. 그는 부모님에게 순종하고, 심지어 자기 사환의 말도 경청할 만큼 겸손한 사람이었습니다. 아버지 기스가 잃어버린 암나귀를 찾으라고 명령하자 즉각 순종하여 사흘 동안이나 암나귀를 찾으러 다녔습니다. 뿐만 아니라 사환이 이 성읍에 있는 하나님의 사람을 찾아가 물

어보자고 제안할 때도 무시하지 않았습니다. 그렇게 겸손했던 그가 왕이 된 이후 하나님의 말씀을 듣지 않을 정도로 교만해지고 말았습니다.

오늘 우리 중에도 사울처럼 자신의 사회적 지위나 체면 때문에 하나님 말씀에 귀 기울이지 않는 이들이 있습니다. 심지어 자신이 알고 있는 세상 지식 때문에 말씀을 경멸하고 우습게 여기는 사람들이 있습니다.

그러나 하나님의 형상대로 지음 받은 우리는 창조주이신 하나님의 말씀을 들어야 합니다. 예수님을 믿고 구원받아 죄와 죽음의 법에서 해방된 하나님의 사람들은 반드시 그분의 말씀에 순종해야 합니다.

하나님의 대적자를 진멸하라

하나님이 사무엘을 통해 사울에게 하신 말씀은 무엇입니까?

"지금 가서 아말렉을 쳐서 그들의 모든 소유를 남기지 말고 진멸하되 남녀와 소아와 젖 먹는 아이와 우양과 낙타와 나귀를 죽이라"(3절)

하나님은 이스라엘의 초대 왕인 사울에게 아말렉을 진멸하라는 명령을 내리셨습니다. 그들을 진멸하되 남녀와 소아와 젖 먹는 아이와 우양과 낙타와 나귀를 죽이라고 하셨습니다. 그것도 미루지 말고 "지금 가서" 진멸하라고 명령하셨습니다.

아말렉에 대한 말씀은 이번이 처음이 아닙니다. 모세에게는 "내가 아말렉을 없이하여 천하에서 기억도 못하게 하리라"(출 17:14b), "아말렉과 더불어 대대로 싸우리라"(출 17:16b)라고도 말씀하셨습니다. 하나님이 아말렉에게 이렇게 잔인한 명령을 내리신 것은 아말렉이 과거에 이스라엘에 행한 일 때문입니다.

"만군의 여호와께서 이같이 말씀하시기를 아말렉이 이스라엘에게 행한 일 곧 애굽에서 나올 때에 길에서 대적한 일로 내가 그들을 벌하노니"(2절)

아말렉은 에서의 후손으로, 이스라엘이 애굽에서 탈출하여 가나안을 향해 갈 때 비열하게도 가장 먼저 뒤쳐진 자들을 공격했습니다.

"곧 그들이 너를 길에서 만나 네가 피곤할 때에 네 뒤에 떨어진 약한 자들을 쳤고 하나님을 두려워하지 아니하였느니라"(신 25:18)

아말렉 족속은 하나님이 이스라엘 백성들을 애굽에서 이끌어 구원해 내신 것을 알고 있었습니다. 또한 홍해 앞에 선 이스라엘 백성들을 기적을 통해 건너게 하신 분이 하나님인 것도 알았습니다. 즉 하나님이 저들을 구원하고 인도하신다는 것을 너무도 잘 알았습니다. 그럼에도 불구하고 그들은 하나님의 사람들을 대적했습니다. 이는 곧 하나님을 대적한 것입니다.

아말렉은 출애굽한 이스라엘 백성들이 가나안에 들어가지 못하도록 하나님의 구원 계획을 방해한 자들입니다. 이는 구원받은 우리가 하나님 나라에 이르지 못하도록 공격하는 사악한 영적 존재를 상징합니다. 때문에 아말렉과의 전쟁은 단순히 한 부족과의 전쟁이 아닌, 구원받은 하나님의 백성이 천국에 들어가지 못하도록 길을 가로막고 방해하는 악한 영과의 영적 전쟁인 것입니다. 그래서 하나님은 아말렉을 지금 당장 진멸하라고 말씀하셨습니다. 영적 전쟁은 거룩한 분노 없이는 이루어질 수 없기 때문입니다.

승리했으나 패한 전쟁

사울 왕은 하나님의 명령을 따라 21만 군대를 이끌고 나아갔습니다. 그리고 아말렉과의 전쟁에서 승리했습니다. 하지만 하나님의 사람에게 중요한 것은 언제나 승리한 이후입니다. 그는 아말렉과의 전쟁에서 승리한 이후 하나님의 명령을 따르지 않았습니다. 아말렉 왕 아각을 죽이지 않고 사로잡았습니다. 또한 짐승 중에서 가장 좋은 것, 기름진 것들은 진멸하지 않았습니다.

"사울과 백성이 아각과 그의 양과 소의 가장 좋은 것 또는 기름진 것과 어린 양과 모든 좋은 것을 남기고 진멸하기를 즐겨 아니하고 가치 없고 하찮은 것은 진멸하니라"(9절)

이 정도면 그래도 명령의 95퍼센트 이상은 순종한 것입니다. 그러나 하나님은 이를 불순종이라고 말씀하십니다. 말씀에 대한 거역이라고 하십니다. 사신 우상에게 절하는 죄와 같다고 말씀하십니다.

"순종이 제사보다 낫고 듣는 것이 숫양의 기름보다 나으니 이는 거역하는 것은 점치는 죄와 같고 완고한 것은 사신 우상에게 절하는 죄와 같음이라"(22절b-23절a)

부분적인 순종은 순종이 아닙니다. 불순종입니다. 사울 왕은 아말렉과의 전쟁에서는 승리했지만 자신 안에 있는 정욕, 곧 욕심과의 전쟁에서는 패배했습니다. 게다가 그는 아말렉과의 전쟁에서 승리한 후 자기를 위해 기념비를 세웠습니다.

"사울이 갈멜에 이르러 자기를 위하여 기념비를 세우고 발길을 돌려 길갈로 내려갔다 하는지라"(12절b)

이는 승리의 주인공이 자기 자신이라는 말입니다. 사울은 자신이 전쟁을 잘 이끌어 승리했다고 착각했습니다. '내 작전이 좋았고, 내가 용감했기 때문에 전쟁에서 이길 수 있었다'라고 생각했습니다. 기념비를 세운 근거를 자신에게서 찾았습니다.

하나님이 아말렉을 물리친 다음 전리품을 단 하나도 취하지 못하게 하신 것은 이 전쟁이 하나님께 속한 것임을 분명히 하시기 위해서입니다. 승리의 주인공이 바로 하나님 자신임을 드러내시기 위해서입니다.

여호와께서 왕을 버리시다

하나님의 말씀을 버리고 자신을 위해 기념비를 세웠던 사울 왕은 결국 하나님께 버림받았습니다.

"왕이 여호와의 말씀을 버렸으므로 여호와께서도 왕을 버려 왕이

되지 못하게 하셨나이다"(23절b)

"사무엘이 사울에게 이르되 나는 왕과 함께 돌아가지 아니하리니
이는 왕이 여호와의 말씀을 버렸으므로 여호와께서 왕을 버려 이
스라엘 왕이 되지 못하게 하셨음이니이다"(26절)

하나님은 그분의 말씀에 불순종한 사울 왕을 버리셨습니다. 자
신을 위해 기념비를 세운 사울 왕은 바로 그 이유 때문에 망했습
니다. 마땅히 돌려야 할 하나님의 영광을 가로챘기 때문입니다.
하나님의 흔적이 아닌 자신의 흔적을 남기고자 했기 때문입니다.

성경에는 자신을 위해 기념비를 세운 자들이 모두 저주 받은
사실이 기록되어 있습니다. 바벨론의 느브갓네살 왕은 바벨론 도
성과 신전을 건축한 다음 '내 능력과 권세로 건설하였다'(단 4:30)
며 스스로 영광을 취했습니다. 이후 그는 정신병에 걸려 짐승처
럼 살았습니다. 사도행전 12장에도 하나님께 영광을 돌리지 않
았던 헤롯이 벌레에게 먹혀 죽는 장면이 나옵니다.

"헤롯이 영광을 하나님께로 돌리지 아니하므로 주의 사자가 곧 치
니 벌레에게 먹혀 죽으니라"(행 12:23)

인생의 밤을 만났을 때

이는 우리에게 분명한 교훈을 줍니다. 어떤 경우라도 나를 위한 기념비를 세우지 말아야 합니다. 내가 아무리 열심을 냈고 최선을 다해 이룬 업적이라 할지라도, 그것을 이루신 분은 하나님입니다. 그러므로 우리는 끝까지 "나는 무익한 종입니다. 마땅히 해야 할 일을 한 것뿐입니다"라고 고백하며 오직 하나님께만 영광을 돌려야 합니다.

말씀에서 멀어지면 하나님과 끊어진다

이렇게 사울은 자신을 위해 기념비를 세워 하나님께 버림받았습니다. 사무엘은 이를 두고 사울 왕이 버림받은 이유를 두 번이나 반복하며 분명히 증거합니다.

"왕이 여호와의 말씀을 버렸으므로 여호와께서도 왕을 버려 왕이 되지 못하게 하셨나이다"(23절b)

"사무엘이 사울에게 이르되 나는 왕과 함께 돌아가지 아니하리니 이는 왕이 여호와의 말씀을 버렸으므로 여호와께서 왕을 버려 이스라엘 왕이 되지 못하게 하셨음이니이다"(26절)

사무엘은 하나님의 말씀에 불순종한 것은 여호와의 말씀을 버린 것이라고 말합니다. 여호와의 말씀을 버린 것은 곧 하나님을 버린 것입니다. 사실 우리는 하나님의 말씀에 불순종한 것을 하나님을 버렸다고까지 해석하지 않습니다. 불순종을 그저 대수롭지 않게 생각합니다. 하지만 하나님의 말씀을 거역하고 불순종하는 것은 하나님을 버리는 것입니다. 이는 하나님과 멀어지는 대표적인 영적 불감증입니다.

하나님과의 관계가 이전만큼 친밀하지 못한 것 같습니까? 코로나-19 상황이 지속되면서 하나님과 멀어졌다고 생각하십니까? 이는 하나님의 말씀을 가까이하지 않았기 때문입니다. 말씀을 가볍게 여기고 말씀에 불순종했기 때문입니다. 그래서 시편 기자는 "진리의 말씀이 내 입에서 조금도 떠나지 말게 하소서"(시 119:43a)라고 기도했습니다.

하나님의 말씀을 가까이하는 것은 곧 하나님을 가까이하는 것입니다. 하나님의 말씀을 사모하는 것은 곧 하나님을 사모하는 것입니다. 하나님의 말씀을 사랑하는 것은 곧 하나님을 사랑하는 것입니다.

사울 왕이 왜 버림받았습니까? 여호와의 말씀을 가볍게 여기고 버렸기 때문입니다. 하나님은 단 한 번의 잘못 때문에 사울을 버리신 것이 아닙니다. 사울은 이전에도 하나님의 말씀을 버린 적이 있습니다. 앞에서 언급한 것처럼, 그는 블레셋과의 전투에 앞서 조급함 때문에 사무엘을 기다리지 못하고 제사장을 대신해 제사를 드렸습니다. 말씀을 어기고 망령된 제사를 드린 것입니다.

하지만 하나님은 당장 사울을 버리지 않으셨습니다. 그에게 23년이라는 자숙의 기간, 회개할 시간을 주셨습니다. 그리고 23년이 지나 아말렉과의 전쟁에 앞서 다시 사무엘을 보내 말씀하셨습니다.

"이제 왕은 여호와의 말씀을 들으소서"(1절b)

하지만 안타깝게도 사울은 또 다시 하나님의 말씀을 가볍게 여기고 순종하지 않았습니다. 말씀을 버린 것입니다.

왜 말씀을 버렸는가

사울 왕이 하나님께 버림받은 결정적 이유는 바로 말씀을 버렸기 때문입니다.

사울 왕이 하나님의 말씀을 버린 이유를 다시 생각해 봅시다.

첫째, 조급함 때문입니다.

블레셋은 쳐들어오고, 백성들은 두려워 도망가고, 제사장 사무엘은 도착하지 않습니다. 그러자 조급함을 이기지 못하고 말씀을 어기고 망령된 제사를 드렸습니다. 우리 역시 마찬가지입니다. 평상시에는 주님 말씀에 순종하며 살려고 노력하지만, 위급한 상황이 닥치면 말씀을 버리고 내 힘으로 해결하려고 합니다.

둘째, 탐욕과 교만 때문입니다.

사울이 아말렉을 물리치고 난 다음 좋은 양과 소를 죽이지 않고 끌고 온 이유는 무엇입니까? 면피용으로 말한 것처럼 제사를 드리기 위해서가 아닙니다. 그것들을 본 순간 마음에 싹튼 탐욕 때문이었습니다. 우리 역시 마찬가지입니다. 내 안에 있는 탐욕과 교만을 그대로 두면 결국은 타협하고 하나님의 은혜를 잊고 자신을 위한 기념비를 세우게 됩니다.

셋째, 하나님보다 사람을 두려워했기 때문입니다.

사울 자신의 고백처럼 하나님보다 사람을 두려워했기 때문에 말씀을 버렸습니다.

"내가 여호와의 명령과 당신의 말씀을 어긴 것은 내가 백성을 두려워하여 그들의 말을 청종하였음이니이다"(24절b)

하나님을 경외하는 마음이 사라지면 사람을 두려워하게 됩니다. 사람을 두려워하면 결국 말씀을 버리게 됩니다. 그렇게 말씀

인생의 밤을 만났을 때

을 버리면 하나님께 버림받습니다. 버림받은 사울 왕을 보십시오. 그는 전쟁에서는 승리했지만 하나님께는 버림받았습니다. 하나님께 버림받은 그의 말로가 얼마나 비참했습니까?

하나님의 말씀 안에 거하고 그 말씀을 굳게 붙들 때 하나님은 내 인생을 책임져 주십니다. 그러나 말씀을 버리면 하나님도 우리를 버리십니다. 아무리 위급한 상황이어도, 탐욕이 나를 강하게 지배하려 해도, 그 순간 하나님의 말씀을 붙드십시오. 하나님이 반드시 책임져 주십니다. 내 인생 최고의 성공은 하나님의 손에 붙들려 아름답게 쓰임 받는 것입니다. 내 인생 최악의 실패는 하나님께 버림받는 것입니다. 그러니 오늘 말씀을 사모하십시오. 말씀이신 하나님을 따르십시오. 여러분의 인생이 하나님의 손에 붙들리는 거룩한 성공의 삶이 되기를 축원합니다.

히브리서 4장 12절

12 하나님의 말씀은 살아 있고 활력이 있어 좌우에 날선 어떤 검보다도 예리하여 혼과 영과 및 관절과 골수를 찔러 쪼개기까지 하며 또 마음의 생각과 뜻을 판단하나니

말씀은
살아 있다

세상에는 헤아리기 힘들 정도로 많은 책이 있습니다. 우리나라의 경우 2020년 한 해에만 약 6만 6천 종(발행 부수로는 약 8천 2백만 권)의 신간이 발행되었으니, 누적 부수만도 엄청납니다. 그러니 고대 거북이 등껍질이나 죽간목독, 점토판, 파피루스 등에 기록된 매체들을 제외하고, 우리가 쉽게 접하는 인쇄를 통해 출간된 서적의 총량만 해도 어마어마할 것입니다.

그중 시대를 초월해 가장 많이 팔리고 가장 많이 읽힌 책이 있습니다. 예상했겠지만 바로 성경입니다. 성경 다음으로 많이 팔린 책은 『마오쩌둥 어록』으로 8억 권 이상 팔렸습니다. 이 책은 전 세계의 베스트셀러라기보다 중국의 베스트셀러라고 보면 될 것 같습니다. 다음은 판타지 소설『해리 포터』시리즈입니다. 4억 권 이상 팔린 것으로 집계되는 이 책은 전 세계 60여 개의 언어로 번역되었고, 저자 J. K. 롤링(Joanne K. Rowling)은 이 책으로 1조 원의 수입을 올렸다고 합니다. 네 번째로 많이 팔린 책은 J. R. R. 톨킨(John Ronald Reuel Tolkien)의『반지의 제왕』시리즈로, 1억 5천만 권 이상 판매되었다고 합니다. 만화책으로는 일본의『원피 스』시리즈가 무려 5억 권 가까이 판매되었습니다.

시대를 초월하는 메시지

이렇게 인기 있는 베스트셀러는 많지만 대부분 10년, 길어도 한 세대를 넘기지 못했습니다. 하지만 성경은 시대를 초월해 해 마다 3천만 권 이상 판매되고 있습니다. 지금까지 40억 권 이상 이 팔렸고, 이 시간에도 수많은 사람이 말씀을 읽고 있습니다.

성경은 기원전 1,500년경부터 기원후 96년경까지 약 1,600년 에 걸쳐 기록되었습니다. 또한 다윗, 솔로몬 같은 왕을 비롯해 제 사장, 선지자, 농부와 어부, 세리와 목자, 의사 등 다양한 계층의 저자 약 40명에 의해 기록되었습니다. 예루살렘, 바벨론, 소아시 아, 로마, 심지어는 감옥 등 여러 장소에서 쓰였고, 현재까지 약 2,500여 개의 언어로 번역되었습니다.

놀라운 사실은 이 모든 시대와 상황을 관통해 신구약 성경이 하나의 주제를 다루고 있다는 것입니다. 그것은 바로 예수 그리스도입니다.

"너희가 성경에서 영생을 얻는 줄 생각하고 성경을 연구하거니와 이 성경이 곧 내게 대하여 증언하는 것이니라"(요 5:39)

구약은 오실 예수님을 이야기합니다. "하나님의 아들 예수 그리스도께서 우리를 구원하기 위해 인간의 몸을 입고 이 세상에 오실 것이다"가 구약을 관통하는 주제입니다. 신약은 약속의 말씀대로 오신 예수님을 말합니다. "하나님의 아들 예수 그리스도께서 이 땅에 오셔서 십자가에 달려 죽으시고 부활하심으로 우리를 구원하셨다. 그리고 마지막 날에 심판의 주로 다시 오실 것이다"가 신약의 주제입니다.

사실 동일한 시간, 동일한 장소에서 동일한 말을 들어도 "나는 분명히 들었다", "아니다. 나는 그런 말을 하지 않았다"며 티격태격 싸우는 경우가 얼마나 많습니까? 하지만 성경은 앞에서 말한 대로 천여 년에 걸쳐 수십 명의 저자들이 다양한 환경에서 기록했음에도 불구하고, 모든 말씀이 하나의 주제로 연결되어 있습니다. 마치 꽃 한 송이가 꽃받침을 바탕으로 모두 연결되어 있는 것처럼 말입니다.

어떻게 이런 일이 가능할까요? 성경의 원저자가 한 분 하나님
이시기 때문입니다. 성경은 저자들이 각자의 생각을 따라 마음대
로 쓴 것이 아니라 성령의 감동에 의해 기록되었습니다.

"모든 성경은 하나님의 감동으로 된 것으로 교훈과 책망과 바르게
함과 의로 교육하기에 유익하니" (딤후 3:16)

말씀은 살아 있다

하나님의 말씀에 대해 조금 더 구체적으로 살펴보겠습니다. 이
것은 신앙생활을 하는 그리스도인에게 무척 중요합니다. 하나님
의 말씀이 내게 어떤 의미인지를 아는 것이 신앙생활의 자세와
태도를 결정하기 때문입니다.

첫째, 하나님의 말씀은 살아 있습니다.

"하나님의 말씀은 살아 있고" (12절a)

'살아 있다'는 말은 '생명이 있다'는 뜻입니다. "살아 있고"는
헬라어로 '존'(Ζῶν)인데 이는 '살아 있다'의 현재 분사입니다.

인생의 밤을 만났을 때

그러므로 이 말씀은 하나님의 말씀이 '지금도 계속 살아 있다'는 의미입니다. 그렇습니다. 신구약 성경 66권은 단순한 문자가 아닙니다. 지금도 시간과 공간을 초월해 살아 역사하고 있는 하나님의 말씀입니다.

둘째, 하나님의 말씀은 영입니다.

육을 가진 인간은 쉽게 매입니다. 말 한마디에 상처 받고, 관계에도 매입니다. 뿐만 아니라 환경이나 돈, 죽음과 질병에 매임을 당하기도 합니다. 그러나 하나님의 말씀은 영이기 때문에 어떤 상황에서도 매이지 않습니다.

사업이나 관계에 실패해 오갈 곳 없는 처지가 되더라도 말씀은 매이지 않고 내 안에 살아 역사합니다. 심지어 감옥에 갇혀 있을 때에도 마찬가지입니다. 그래서 바울과 실라는 감옥에서 큰 소리로 하나님께 찬양과 기도를 올려 드렸습니다.

하나님의 말씀은 영이기 때문에 시간과 공간을 초월합니다. 그래서 하나님이 아브라함에게 주신 말씀, 모세에게 주신 말씀, 다윗에게 주신 말씀, 바울에게 주신 말씀이 오늘 내게 주시는 말씀이 되는 것입니다.

셋째, 하나님의 말씀은 생명입니다.

예수님은 "내가 너희에게 이른 말은 영이요 생명이라"라고 말씀하셨습니다.

"살리는 것은 영이니 육은 무익하니라 내가 너희에게 이른 말은
영이요 생명이라" (요 6:63)

말씀이 역사하는 곳에는 반드시 살아나는 역사가 일어납니다.
하나님의 말씀이 선포되면 죽은 영혼이 살아나고 잠자는 영혼이
깨어납니다. 아무리 훌륭한 책도 생명을 구원할 수는 없습니다.
그 어떤 베스트셀러도 죽은 내 영혼을 살리지는 못합니다. 그러
나 하나님의 말씀에는 죽은 영혼을 살리는 능력이 있습니다.

예수님이 죽은 나사로의 무덤에서 큰 소리로 "나사로야 나오
라" 하고 부르시니 죽은 나사로가 수족을 베로 동인 채로 살아 나
왔습니다.

"이 말씀을 하시고 큰 소리로 나사로야 나오라 부르시니 죽은 자
가 수족을 베로 동인 채로 나오는데 그 얼굴은 수건에 싸였더라
예수께서 이르시되 풀어 놓아 다니게 하라 하시니라" (요 11:43-
44)

하나님의 말씀은 생명이기 때문에 영원히 살아 있습니다. 사도
베드로는 하나님의 말씀을 '영원히 썩지 않을 씨'로 비유하면서,
'풀은 마르고 꽃은 떨어지지만 하나님의 말씀은 세세토록 있다'

고 했습니다.

> "너희가 거듭난 것은 썩어질 씨로 된 것이 아니요 썩지 아니할 씨
> 로 된 것이니 … 그러므로 모든 육체는 풀과 같고 그 모든 영광은
> 풀의 꽃과 같으니 풀은 마르고 꽃은 떨어지되 오직 주의 말씀은
> 세세토록 있도다"(벧전 1:23-25a)

세상의 모든 것은 언젠가는 초라하게 시들고 사라집니다. 아름 다움도, 세상의 부귀와 영화도 그렇습니다. 그렇게 풀은 마르고 꽃은 떨어지지만 오직 주의 말씀은 세세토록 있습니다.

인류 역사에서 성경처럼 무시를 당하고 박해를 받은 책은 없습 니다. 자신의 세력이 약화될 것을 우려하는 어떤 권력자들은 사 람들이 성경을 읽지도 소유하지도 못하게 했습니다. 성경을 지구 상에서 아예 없애 버리려는 시도도 다양하게 일어났습니다. 지금 도 북한에서는 성경을 소지하고 있다는 이유만으로 사형을 당하 거나 수용소로 끌려갑니다. 중국에서는 성경이 압수되어 불에 태 워집니다. 한국도 기독교 학교에서조차 성경을 가르치지 못하게 합니다.

계몽주의 사상가이며 저술가인 볼테르(Voltaire)는 "100년이 지나면 이 지구상에 성경은 단 한 권도 남아 있지 않고, 기독교는

영원히 사라질 것이다"라고 말했습니다. 하지만 아이러니하게도 그가 죽고 난 후 그의 집은 성경을 인쇄하는 인쇄소로 바뀌고, 성경을 보관하는 창고가 되었습니다.

암흑시대로 불리는 중세 시대에는 사제들만이 라틴어로 기록된 성경을 독점했습니다. 때문에 성도들은 하나님의 말씀을 직접 대할 수 없었습니다. 그러다 보니 복음이 가려졌고 교회는 타락했으며 교권주의가 난무했습니다.

이 상황에서 하나님은 존 위클리프(John Wycliffe)라는 인물을 들어쓰셨습니다. 그는 성경을 독점한 사제들과 맞서 싸우며 라틴어 성경을 영어로 번역했습니다. 이에 로마 교회는 위클리프 성경을 불태웠으며, 이미 죽어서 땅에 묻힌 위클리프의 뼈를 파내 다시 불태우기까지 했습니다. 하나님의 말씀은 이렇게 말할 수 없는 박해를 받았음에도 불구하고, 사라지지 않고 지금도 여전히 살아 역사하고 있습니다.

심주일 목사님은 평양에서 정치장교로 근무한 북한의 고위급 당원이었습니다. 하루는 보위부에 있던 친구로부터 중국에서 구한 두 권의 책을 선물로 받았습니다. 하나는 「과학 동아」라는 잡지고, 다른 하나는 라이프 성경이었습니다. 「과학 동아」를 통해서는 한국이 얼마나 발전했는지를 보았습니다. 이어서 성경을 읽었지만 '태초에 하나님이 천지를 창조하셨다'느니 '사람이 수백 년 동안 장수했다'느니 하는 현실성 없는 내용 때문에 그만두려 했습니다.

그러나 친구의 부탁으로 인내심을 가지고 창세기부터 요한계시록까지 다 읽었습니다. 새벽 1시경부터 4-5시까지 이불 속에 숨어 성경을 읽고, 설교 방송을 들었습니다. 말씀을 읽고 나니 '아, 이것이 보통 책이 아니구나'라는 생각이 들기 시작했습니다. 그렇게 성경에 더 몰입하면서 하나님을 알게 되었습니다. 이후 하나님을 북한의 모든 사람들에게 알리기 위해 중령 계급의 보장된 생활을 버리고 평양을 떠나기로 결심했습니다.

탈북 이후 중국에서 한국으로 들어오기까지 기다리는 7개월 동안 성경을 14독했습니다. 이후 한국에 들어와 신학교를 졸업하고, 지금은 부천창조교회 담임으로 목회하면서 성경을 북한말로 번역하는 일을 하고 있습니다.

하나님의 말씀은 살아 있습니다. 말씀이 살아 있지 않다면 어떻게 반복해서 읽고 듣고 묵상할 수 있을까요? 세간에 화제를 일으킨 베스트셀러도 10년이 지나면 그 책을 찾는 독자는 별로 없습니다. 내용이 좋은 책도 몇 번 읽고 나면 대개 지겨워지기 마련입니다.

설교도 마찬가지입니다. 제가 목회한 지 30년이 넘었습니다. 만약 하나님의 말씀이 살아 있지 않다면 한 교회에서 성경에 기록된 말씀을 가지고 30년 이상 설교할 수 없을 것입니다. 아무리 감동이 되는 이야기라 할지라도 열 번만 들으면 누구도 더 이상 들으려고 하지 않을 것입니다. 그런데 그리스도인은 말씀을 듣고 또 들어도 그 말씀이 지겹지 않습니다. 오히려 들을수록 새롭게 다가옵니다.

말씀에는 역사하는 능력이 있다

"하나님의 말씀은 살아 있고 활력이 있어"(12절a)

하나님의 말씀은 "활력"이 있습니다. 활력은 헬라어로 '에네르게스'(ἐνεργής)입니다. '에너지'(energy)는 이 단어에서 유래했습니다. 하나님의 말씀은 살아 있기에 운동력, 즉 능력이 있습니다. 개역 한글판 성경은 이를 "하나님의 말씀은 살았고 운동력이 있어"로 번역합니다.

하나님의 말씀은 살아 있기 때문에 끊임없이 역사하고, 말씀대로 이루어지게 하는 능력이 있습니다. 하나님이 세상을 어떻게 창조하셨습니까? 말씀으로 창조하셨습니다. "빛이 있으라"(창 1:3)라고 말씀하시니 흑암으로 가득 차 있던 우주에 빛이 임했습니다. 하나님이 "물 가운데에 궁창이 있어 물과 물로 나뉘라"(창

인생의 밤을 만났을 때

1:6)라고 말씀하시고 궁창을 만드시니 그대로 되었습니다.

에스겔 골짜기의 마른 뼈들이 어떻게 살아났습니까? 먼저 하나님의 음성이 들려왔습니다. "인자야 이 뼈들이 능히 살 수 있겠느냐"(겔 37:3a). 이 물음에 선지자는 "주 여호와여 주께서 아시나이다"(겔 37:3b)라고 대답했습니다. 하나님은 그에게 골짜기의 마른 뼈들을 향해 하나님을 대신하여 말씀을 선포할 것을 명령하셨고, 선지자는 이에 즉각 순종했습니다.

"너희 마른 뼈들아 여호와의 말씀을 들을지어다"(겔 37:4b)

갑자기 뼈들이 움직이기 시작했습니다. 그러더니 이 뼈 저 뼈가 들어맞아 서로 연결되었습니다. 그 다음 뼈에 힘줄이 생기고, 살이 차오르기 시작하고, 살 위에 가죽이 덮였습니다. 놀라운 기적이 일어난 것입니다.

하지만 아직 부족한 것이 있었습니다. 그 속에 생기가 없었습니다. 그때 다시 "너는 생기를 향하여 대언하라"(겔 37:9a)는 하나님의 음성이 들려왔습니다. 에스겔은 담대히 하나님의 말씀을 대언하여 선포했습니다.

"생기야 사방에서부터 와서 이 죽음을 당한 자에게 불어서 살아나

게 하라"(겔 37:9b)

그러자 말씀대로 그들 속에 하나님의 생기가 들어가 살아 있는 하나님의 군대가 되었습니다. 물론 이 환상은 이스라엘이 하나님의 능력과 말씀으로 다시 회복될 것을 보여 주는 것입니다. 하지만 우리는 이 말씀을 통해 마른 뼈 같은 죽은 인생일지라도 살아 역사하시는 하나님의 말씀이 임하면 살아날 수 있다는 것, 생기가 임해 하나님의 군대가 될 수 있다는 것을 알 수 있습니다. 이렇게 하나님의 말씀에는 활력이 있습니다. 능력이 있습니다.

하나님은 이사야 선지자를 통해 하늘에서 내린 비와 눈도 헛되지 않고 땅을 적셔 싹이 나게 하고 열매를 맺게 해서 나중에는 파종할 씨앗과 양식을 주는 것 같이, 내 입에서 나가는 말도 헛되게 돌아오지 않을 것이라고 말씀하셨습니다.

"내 입에서 나가는 말도 이와 같이 헛되이 네게로 되돌아오지 아니하고 나의 기뻐하는 뜻을 이루며 내가 보낸 일에 형통함이니라"(사 55:11)

하나님의 입에서 나오는 말씀은 반드시 그분의 뜻을 이룹니다. 살아 있고, 활력 즉 운동력과 능력이 있기 때문입니다.

　　　　　　　　　　　　　　　인생의 밤을 만났을 때

성령의 감동으로 기록된 하나님의 말씀에는, 성령의 기름 부으심 가운데 선포되는 하나님의 말씀에는, 하나님의 생명과 하나님의 숨결이 있습니다. 그러므로 살아 있는 하나님의 말씀을 읽고 듣고 묵상할 때 죽은 영혼이 살아납니다. 거룩한 주님의 말씀을 선포하면 병 고침을 받고, 귀신들린 자가 자유를 얻게 되는 것입니다.

"이에 그들이 그들의 고통 때문에 여호와께 부르짖으매 그가 그들의 고통에서 그들을 구원하시되 그가 그의 말씀을 보내어 그들을 고치시고 위험한 지경에서 건지시는도다"(시 107:19-20)

사람들이 언제 기도하며 부르짖습니까? 고통 가운데 있을 때입니다. 바로 그때 하나님이 그들을 고통에서 구원해 내십니다. '그의 말씀을 보내어 그들을 고치심'으로 말입니다.

예수님도 그러셨습니다. 주님의 공생애 사역에 언제나 말씀이 먼저였습니다. 우리 역시 마찬가지입니다. 하나님의 말씀을 내게 주시는 말씀으로 받고, 말씀 앞에 화답하고, 믿음으로 결단하고, 확신을 가지고 순종하면, 그 말씀이 내 안에서 이루어지는 역사가 일어납니다. 하나님의 말씀은 살아 있고 운동력이 있기 때문입니다.

성경에 나오는 데살로니가 교회는 가장 짧은 기간에 부흥하고 성장한 교회입니다. 그 이유는 무엇일까요?

"너희가 우리에게 들은 바 하나님의 말씀을 받을 때에 사람의 말로 받지 아니하고 하나님의 말씀으로 받음이니 진실로 그러하도다 이 말씀이 또한 너희 믿는 자 가운데에서 역사하느니라"(살전 2:13)

데살로니가 교회 성도들은 말씀을 들을 때, 사람의 말이 아닌 살아 계신 하나님의 말씀으로 받았습니다. 사도 바울이 그들에게 보낸 편지를 받을 때나 설교를 들을 때, 하나님이 지금 내게 말씀하시는 것으로 받았습니다. 그러자 어떤 일이 일어났습니까? 말씀이 믿는 자들 가운데 역사하기 시작했습니다. 역사란 곧 운동을 말합니다. 말씀을 들을 때 심령이 뜨거워지고, 자신의 죄를 깨달아 회개하며 통곡하고, 파도처럼 밀려오는 하나님의 사랑과 위로를 경험하고, 병든 자가 고침을 받고, 귀신들이 떠나갔던 것입니다.

말씀의 능력을 경험하라

거듭 반복합니다. 하나님의 말씀은 살아 있고 운동력이 있습니

인생의 밤을 만났을 때

다. 하지만 많은 사람이 살아 역사하는 하나님의 말씀을 경험하지 못한 채 살아갑니다. 말씀을 데살로니가 교인들처럼 받지 않기 때문입니다. 하나님의 말씀으로 받아야 그 말씀이 믿는 자 안에서 역사합니다. 그러나 사람의 말로 받는다면 그 능력은 삶의 현장 가운데 선포되지 않습니다. 신실하신 하나님을 신뢰하며, 말씀을 향한 믿음의 소신을 굽히지 않을 때에만 내 안에 하나님의 역사가 선명해집니다.

병들거나 죽어 있는 영혼은 하나님의 말씀이 선포되어도 아무 반응도 하지 못합니다. 하나님의 말씀이 죽은 것이 아니라 내 영혼이 죽어 있기 때문입니다. 그래서 오늘 내게 말씀하시는 그 하나님의 음성을 듣지 못하는 것입니다. 사도 요한은 "귀 있는 자는 성령이 교회들에게 하시는 말씀을 들을지어다"(계 2:7a)라고 반복하며 선포했습니다.

여러분은 교회입니다. 성령이 교회에 하시는 말씀을 들으십시오. 말씀을 들을 수 있는 것은 축복입니다. 들은 말씀을 믿음으로 행할 수 있는 것은 은혜입니다. 말씀과 동행하는 것은 내 인생에 가장 큰 기쁨입니다. 믿으십시오. 하나님의 말씀은 살아 있고 운동력이 있습니다. 말씀을 하나님의 말씀으로 받으십시오. 우리 가운데 역사하는 말씀의 능력을 매일 경험하며 살아가시기를 주님의 이름으로 축원합니다.

히브리서 4장 12-13절

12 하나님의 말씀은 살아 있고 활력이 있어 좌우에 날선 어떤 검보다도 예리하여 혼과 영과 및 관절과 골수를 찔러 쪼개기까지 하며 또 마음의 생각과 뜻을 판단하나니

13 지으신 것이 하나도 그 앞에 나타나지 않음이 없고 우리의 결산을 받으실 이의 눈 앞에 만물이 벌거벗은 것 같이 드러나느니라

05

말씀은
나를 새롭게 한다

기독교는 말씀의 종교입니다. 많은 사람이 기독교는 체험의 종교라고 말합니다. 맞습니다. 체험되지 않으면 진리가 아닙니다. 그러나 그 체험은 반드시 하나님의 말씀에 근거해야 합니다. 성경은 우리 믿음의 원천일 뿐만 아니라 신앙과 삶의 유일한 기준이요 표준입니다. 그러므로 말씀을 어떻게 생각하고 믿고 바라보는가는 매우 중요합니다. 말씀에 대한 생각이 신앙생활의 태도를 결정하기 때문입니다.

말씀은 검이다

"하나님의 말씀은 살아 있고 활력이 있어 좌우에 날선 어떤 검보다도 예리하여"(12절a)

성경은 하나님의 말씀을 "검"으로 표현합니다. 그것도 한 날이 아닌 양날을 가진 칼, 좌우에 날선 검으로 묘사합니다. 사도 요한은 예수님을 가리켜 "좌우에 날선 검을 가지신 이"(계 2:12)라고 했습니다. 그리고 예수님의 입에서 '좌우에 날선 검이 나온다'고 했습니다.

"그의 오른손에 일곱 별이 있고 그의 입에서 좌우에 날선 검이 나오고 그 얼굴은 해가 힘 있게 비치는 것 같더라"(계 1:16)

히브리서 기자가 하나님의 말씀을 좌우에 날선 검으로 비유한 이유는 무엇일까요?

첫째, 어떤 검보다 예리하기 때문입니다.

"좌우에 날선 어떤 검보다도 예리하여 혼과 영과 및 관절과 골수를 찔러 쪼개기까지 하며"(12절b)

히브리서 기자는 하나님의 말씀이 '어떤 검보다도 예리하다'고 말합니다. '어떤 검'에 대해 학자들은 당시 제사장들이 사용하던 검으로 추측합니다. 당시 제사장들은 좌우에 날선 검으로 제단에 올릴 소나 양들의 뼈들을 자르고 각을 떴습니다. 예리한 양날의 검으로 제물들을 찔러 쪼갠 다음 각을 떠서 하나님께 바칠 것과 버릴 것을 구분했습니다.

하나님의 말씀이 이처럼 제사장들이 사용하는 좌우에 날선 어떤 검보다 훨씬 더 날카롭고 예리한 이유는, 혼과 영, 관절과 골수를 찔러 쪼개기까지 해야 하기 때문입니다.

영과 혼은 우리 눈에 보이지 않는 영역입니다. 관절과 골수는 보이는 대상입니다. 본문의 "혼"은 헬라어로 '프쉬케'(ψυχή)인데 자연적인 육신의 생명을 말합니다. "영"은 '프뉴마'(πνεῦμα)입니다. 존 파이퍼(John Piper) 목사는 영이란 "인간만이 가지고 있는 것으로 초자연적인 거듭남을 통해서 이루어지는 우리의 상태를 말한다"고 했습니다.

눈에 보이는 관절은 뼈의 바깥쪽으로 두껍고 단단한 부분입니다. 예리하지 않은 검은 단번에 관절을 관통하지 못하고 스치기만 할 뿐입니다. 골수는 뼈 안에 있는 부드럽고 연한 부분으로 피를 만들어 내는 곳입니다.

하나님의 말씀인 좌우에 날선 검은 우리 눈에 보이지 않는 영

역인 영과 혼을 찌릅니다. 뿐만 아니라 거칠고 단단한 관절까지
도 단번에 관통해 뼈 안에 있는 골수까지 쪼개어 버립니다. 이것
은 하나님의 말씀이 살아 있고 운동력이 있기 때문에 가능합니
다. 좌우에 날선 검보다 예리한 말씀이 우리의 심령 구석구석을
찌르는 것입니다.

말씀이 찌른다

성령 충만을 받은 베드로가 "너희가 십자가에 못 박은 이 예수
를 하나님이 주와 그리스도가 되게 하셨느니라"(행 2:36b)라며 진
리의 말씀을 선포했습니다. 그러자 무슨 일이 일어났습니까?

"그들이 이 말을 듣고 마음에 찔려 베드로와 다른 사도들에게 물
어 이르되 형제들아 우리가 어찌할꼬 하거늘"(행 2:37)

베드로의 설교를 들은 사람들은 예리한 하나님의 말씀에 찔림
을 받았습니다. 그리고 회개했습니다. 또한 각각 예수 그리스도
의 이름으로 세례를 받았습니다. 그런 사람들이 그날에만 3천 명
이나 되었습니다. 무엇이 먼저였습니까? 말씀을 통해 찔림을 받
는 것이 먼저였습니다. 때문에 회개에 이를 수 있었고, 세례를 받

았던 것입니다.

먼저 말씀으로 찔림을 받아야 합니다. 그런데 우리는 나 자신이 찔림을 받으려고 하지 않습니다. 먼저 누군가를 찌르려고 합니다. 그리고 자신은 하나님의 사랑과 위로만을 받으려고 합니다. 물론 하나님은 말씀을 통해 우리에게 사랑과 위로를 베푸십니다. 그러나 순서가 있습니다. 말씀을 통한 찔림이 먼저입니다. 찔림을 받고 회개에 이를 때 놀라운 하나님의 사랑과 위로를 경험하게 됩니다.

타락한 인간의 마음은 너무나 강퍅합니다. 어지간해서는 찔림을 받지 않습니다. 예레미야 기자는 "만물보다 거짓되고 심히 부패한 것은 마음이라"(렘 17:9a)라고 했습니다. 그렇습니다. 보이지 않는 우리 마음속에는 온갖 추하고 더러운 것들로 가득 차 있습니다. 간사함과 음란, 거짓과 탐욕, 교만과 미움과 분노와 시기가 들끓습니다.

그런데 좌우에 날선 검보다 예리한 하나님의 말씀이 들어오면 만물보다 거짓되고 부패한 내 마음이 찔림을 받습니다. 강퍅한 마음이 깨지는 역사가 일어납니다. 내 속에 있는 간사함과 음란, 거짓과 탐욕, 교만과 미움과 분노 및 시기가 드러납니다. 결국 하나님 앞에서 내가 얼마나 추하고 더러운 죄인인가를 깨닫게 됩니다. '나는 죄인일 수밖에 없구나' 하고 진정한 스스로의 모습을 보게 됩니다. 먼저 말씀 안에서 <u>스스로</u>를 직면하면서 찔림을 받는 것, 이것이 은혜입니다.

말씀이 생각과 뜻을 판단한다

이렇게 하나님의 말씀은 좌우에 날선 검보다 예리하여 우리의 강퍅한 심령을 찔러 쪼갭니다. 마음 깊숙한 곳에 있는 죄악들을 드러냅니다. 여기서 끝나지 않습니다. 더 나아가 마침내 내 마음의 생각과 의도까지 밝혀냅니다.

> "또 마음의 생각과 뜻을 판단하나니"(12절c)

오직 하나님의 말씀만이 내 마음의 생각과 뜻을 온전히 판단할 수 있습니다. 하나님의 말씀이 내 심령을 찌르고 드러내면 무엇이 선이고 악인지 구별할 수 있습니다. 참과 거짓, 의와 불의, 영과 육을 예리하게 구분합니다.

많은 사람이 삶의 문제를 시대의 흐름으로 판단하려고 합니다. 생명을 죽이는 낙태나 창조 질서를 부정하는 동성혼을 하나님은 분명 죄와 악이라고 말씀하셨습니다. 그런데 왜 하나님의 사람인 우리가 진리의 말씀이 아닌 시대의 흐름을 이야기합니까? 하나님의 사람은 죄로부터 돌아서게 만들고, "어찌할꼬" 하고 회개하며 자신의 죄를 자복하게 만드는 말씀에 순복해야 합니다. 그 말씀만이 세상의 대세가 아닌 하나님의 마음을 시원하게 하는 거룩한 신앙생활의 지침이 됩니다.

울산대 법학과 이정훈 교수님은 젊은 날에 출가해 조계종에서 수행하고, 군승(軍僧)으로 복무할 정도로 독실한 불자였습니다. 그는 불교도들이 중심이 되어 한국에서 교회를 없앨 목적으로 설립한 '종교자유정책연구회'(종자연)의 주역으로, 누구보다 적극적으로 기독교를 핍박하던 사람입니다. 기독교 학교에서 채플을 드리지 못하게 하거나 성경을 가르치지 못하게 하는 것이 주된 공략 방법이었습니다.

그러던 어느 날, 암자에서 돌아와 평소와 마찬가지로 교회를 효과적으로 공격하기 위해 CTS TV 설교 방송을 시청하던 중이었습니다. 어느 목회자의 설교를 들으며 '웃기고 있네. 너나 잘하세요'라고 빈정대던 중, 갑자기 이 말씀이 심령에 비수처럼 꽂혔습니다. "하나님 앞에서 우리는 죄인입니다." '죄인'이라는 말이 뇌리에 박히면서 갑자기 혀가 굳어 버리고 그대로 바닥에 엎드려졌습니다.

이정훈 교수님은 '이제 나는 죽었구나!'라는 생각이 들었다고 합니다. 바로 그때 자기 자신이 죄인이라는 사실이 깨달아졌고,

말씀으로 찾아오신 주님 앞에 꿇어 엎드렸습니다. 바울이 다메섹 도상에서 부활의 주님을 만난 것처럼 말씀으로 다가오신 주님을 만난 것입니다. 그는 이제 1분 1초도 주님 없이는 살 수 없다고 고백합니다. 뜨거운 성령의 임재 가운데 회개하고 2007년에 한 교회에서 세례를 받은 후, 지금은 '예수님만이 우리의 구원자 되심'을 알리는 기독교 변증가가 되었습니다.

우리 교회 성도 중에 심한 우울증으로 고통을 당하는 분이 있었습니다. 우울증과 두려움으로 인해 잠을 이루지 못하고, 낮에도 정상적인 생활이 어려웠습니다. 우울증이 극에 달할 무렵, 그분은 저에게 와서 기도를 받았습니다. 안수 기도를 받고 난 이후부터 조금씩 좋아지기 시작했지만 다시 우울과 불안이 주기적으로 찾아왔습니다.

그러다 지난 2020년 12월 13일, 주일 설교를 듣던 중 "함부로 정죄하지 말라"는 말씀이 예리한 검으로 심령을 파고들었습니다. 말씀을 듣는 순간 하나님이 나에게 직접 말씀하시는 것이라는 생각이 들었습니다. 그래서 그 설교를 열 번 이상 반복해 들었습니다. 이후 마음에 평안이 찾아오기 시작했습니다. 말씀을 들으면서 참 평안과 자유를 누리게 되었습니다. 지금은 불면증도 없어지고 남편과의 관계도 좋아지고 있다고 합니다.

또 다른 집사님의 간증을 소개하겠습니다. 설교 말씀 중에 "우리가 아직 죄인 되었을 때에 그리스도께서 우리를 위하여 죽으심으로 우리에 대한 자기의 사랑을 확증하셨느니라"(롬 5:8)라는 구절이 살아 있는 말씀으로 이 집사님의 심령에 임했습니다. 이전까지는 자신이 죄인이라는 사실이 그저 머리로만 이해되었습니다. 하지만 선포되는 말씀을 들을 때 회개의 영이 임하여 자신이 죄인이라는 사실이 처절할 정도로 깨달아지기 시작했습니다.

집에 돌아가 밤새 눈물로 회개하는 시간을 가졌습니다. 새벽녘에 거실에서 회개하며 울고 있는 아내를 보고 놀란 남편에게, 집사님은 먼저 믿은 자로서 본을 보이지 못한 것과 가정의 제사장으로 서 있지 않은 남편을 판단하고 정죄하며 존중하지 못했음을 고백하면서 용서를 구했습니다. 주일에 교회에 올 때마다 늘장 부리는 남편으로 인해 차에서 다투기도 하고, 그 때문에 마음이 상해서 예배 시간에 제대로 은혜 받지 못하면 그 원인이 남편이라고 생각했습니다. 하지만 다툼의 원인이 자신의 죄 때문임을 깨닫고, 그동안 주일마다 화내며 힘들게 했던 자신을 참아 주어서 고맙다고 남편에게 용서를 구했습니다.

하나님의 말씀은 살아 있고 운동력이 있습니다. 하나님의 말씀은 좌우에 날선 어떤 검보다 예리합니다. 우리의 심령 깊숙한 곳을 찌르고 쪼갭니다. 그래서 결국 나 자신이 어떤 존재인가를 보게 합니다.

하나님의 말씀을 좌우에 날선 검이라고 한 두 번째 이유는, 양면성, 곧 수술의 기능과 심판의 기능을 갖고 있기 때문입니다.

어떤 이들은 좌우에 날선 검이 구약과 신약을 가리킨다고 말합니다. 또 어떤 이는 율법의 말씀과 진리의 말씀이라고 말합니다. 하나님의 사랑과 공의를 가리킨다고 말하는 이도 있습니다. 모두 일리 있는 해석입니다. 그러나 문맥적으로 볼 때 하나님의 말씀이 갖는 수술의 기능과 심판의 기능을 나타내는 것이 더 정확해 보입니다.

하나님의 말씀은 좌우에 날선 검이 되어 우리의 혼과 영과 관절과 골수를 찔러 쪼갭니다. 병든 심령을 수술하고 회복시키기 위함입니다. 병원에 가면 의사는 먼저 곪아 있는 환부를 메스로 도려냅니다. 종양이나 암 덩어리가 있는데도 통증 때문에 겁이 난다고 적당히 연고나 바르고 말면 병이 더 깊어질 뿐입니다.

하나님의 말씀은 우리 안에 있는 모든 죄를 드러냅니다. 그래서 철저하게 자신의 죄인 됨을 깨닫고 회개하게 하며, 인생의 방향을 돌이키게 합니다. 하나님은 예리한 말씀의 검으로 우리의 영혼을 수술하여 회복시키십니다.

하나님의 말씀에는 또한 심판의 기능이 있습니다.

"지으신 것이 하나도 그 앞에 나타나지 않음이 없고 우리의 결

산을 받으실 이의 눈 앞에 만물이 벌거벗은 것 같이 드러나느니
라"(13절)

"결산"이라는 말에 주목할 필요가 있습니다. 하나님은 우리가
살아온 인생에 대해 반드시 결산하십니다. 결산 받는 그날, 우리
의 결산을 받으실 이의 눈앞에 만물이 벌거벗은 것 같이 드러난
다고 성경은 말합니다.

'드러난다'는 말은 '목을 뒤로 젖히다'라는 의미로, 레슬링 선
수가 상대 선수의 목을 뒤로 젖히는 행위를 나타내는 표현입니
다. 이는 하나님의 말씀 앞에서는 그 어떤 것도 감출 수 없음을 뜻
합니다. 우리 인생을 결산하시는 주님 앞에, 심판의 주가 되시는
주님 앞에, 우리가 지은 그 모든 죄악이 낱낱이 드러날 것입니다.

하나님은 그분의 말씀대로 우리를 심판하십니다.

"나를 저버리고 내 말을 받지 아니하는 자를 심판할 이가 있으니
곧 내가 한 그 말이 마지막 날에 그를 심판하리라"(요 12:48)

심판의 기준은 언제나 하나님의 말씀입니다. 엄밀하게 말하
면 우리의 행위를 따라 심판하시는 것이 아니라 말씀을 따라 심
판하십니다. 하나님의 말씀이 신앙의 유일한 기준이요 표준이기

때문입니다. 이렇게 좌우에 날선 검인 하나님의 말씀은 우리의 죄와 상처를 도려내고 수술하여 회복시키기도 하고, 심판하기도 합니다.

말씀은 성령의 검이다

하나님의 말씀은 성령의 검입니다.

"구원의 투구와 성령의 검 곧 하나님의 말씀을 가지라"(엡 6:17)

사도 바울은 우리 삶이 영적 전쟁임을 선포하며 하나님의 말씀으로 전신갑주를 입으라고 명합니다. 구원의 투구를 쓰고, 믿음의 방패를 들고, 복음의 신을 신고, 진리의 허리띠를 띠며, 의의 호심경을 붙이라고 합니다. 이 모든 것은 적의 공격을 막아 내는 방어용 무기입니다. 그러나 영적 전쟁은 방어만 해서는 안 됩니다. 공격도 잘 해야 합니다. 따라서 공격용 무기도 필요합니다. 이 것이 바로 성령의 검, 곧 하나님의 말씀입니다.

사도 바울이 말씀을 성령의 검이라고 한 이유가 무엇일까요? 말씀과 성령은 언제나 함께 역사하기 때문입니다. 하나님의 말씀이 선포되는 현장에는 언제나 성령도 강력하게 역사하셨습니다.

그러므로 성령 충만을 말하면서 하나님의 말씀을 소홀히 하는 것은 잘못입니다.

우리 삶은 치열한 영적 전쟁입니다. 우리는 지금 이 순간에도 보이지 않는 악한 영과 치열한 전쟁을 치르고 있습니다. 영적 전쟁에서 승리하기 위해서는 성령의 검을 잘 사용해야 합니다. 성령의 검인 하나님의 말씀으로 마귀를 대적해야 합니다.

"마귀를 대적하라 그리하면 너희를 피하리라"(약 4:7b)

가끔 혈기로 마귀를 대적하는 사람들이 있습니다. 귀신을 내쫓는다며 사람을 때리고 죽이는 경우도 있습니다. 그러나 마귀를 대적하는 것은 성령의 검인 하나님의 말씀입니다.

예수님을 보십시오. 40일을 금식한 예수님은 광야에서 마귀로부터 세 가지 시험을 받으셨습니다. 첫 시험은 "네가 만일 하나님의 아들이어든 명하여 이 돌들로 떡덩이가 되게 하라"(마 4:3)였습니다. 예수님은 이 시험을 "기록되었으되 사람이 떡으로만 살 것이 아니요 하나님의 입으로부터 나오는 모든 말씀으로 살 것이라 하였느니라"(마 4:4)라는 말씀으로 물리치셨습니다.

두 번째 시험은 "네가 만일 하나님의 아들이어든 뛰어내리라"(마 4:6a)였습니다. 마귀가 예수님을 예루살렘의 성전 꼭대기로 데려가 시험한 것입니다. 이에 대해 예수님은 "기록되었으되 주 너의 하나님을 시험하지 말라 하였느니라"(마 4:7)라고 말씀하셨습니다.

세 번째 시험에서 마귀는 예수님을 데리고 지극히 높은 산으로 가서 천하만국과 그 영광을 보여 주며 "만일 내게 엎드려 경배하면 이 모든 것을 네게 주리라"(마 4:9)라고 했습니다. 이 시험에 대해서도 예수님은 "사탄아 물러가라 기록되었으되 주 너의 하나님께 경배하고 다만 그를 섬기라 하였느니라"(마 4:10)라는 말씀을 강력히 선포하셨습니다. 이에 마귀는 떠나가고 천사들이 나와서 예수님의 수종을 들었습니다.

예수님은 기록된 말씀으로 마귀의 시험을 물리치셨습니다. 우리 역시 하나님의 말씀인 성령의 검으로 마귀를 대적하고 물리쳐야 합니다. 우리의 혈과 육으로는 결코 이 싸움을 치를 수 없습니다. 말씀의 검을 들기만 하고 사용하지 않는 사람들이 있습니다. 하나님의 말씀이 아무리 예리한 검이라 할지라도 사용하지 않으면 무용지물입니다. 하나님의 말씀을 가지고 있습니까? 그렇다면 그것으로 마귀를 대적하고 물리쳐야 하지 않겠습니까? 말씀의 능력을 통해 이 땅에 주의 나라가 임하는 하나님의 뜻을 성취해야 하지 않겠습니까?

꿀보다 더 달콤한 말씀을 주야로 묵상하십시오. 삶의 현장에서

끊임없이 하나님의 말씀인 성령의 검을 사용하십시오. 그리하여
매일의 영적 전쟁에서 승리하십시오. 여러분은 세상 가운데 이미
승리한 하나님의 군사입니다.

야고보서 4장 7-8절

7 그런즉 너희는 하나님께 복종할지어다 마귀를 대적하라
그리하면 너희를 피하리라

8 하나님을 가까이하라 그리하면 너희를 가까이하시리라
죄인들아 손을 깨끗이 하라 두 마음을 품은 자들아 마음
을 성결하게 하라

06

하나님을
가까이하라

예수님을 믿는다는 것은 무엇일까요? 많은 사람이 예수님을 믿는 것과 교회에 다니는 것을 같은 의미로 이해합니다. 물론 예수님을 믿는 사람은 교회에 다닙니다. 그러나 예수님을 진정으로 믿지 않으면서도 가정의 화평을 위해, 만남과 교제를 위해 교회에 다니는 사람이 있습니다.

성경은 하나님과 나를 '관계'로 표현합니다. 예수님을 믿으면 하나님이 나의 아버지가 되시고 나는 하나님의 자녀가 됩니다. 또한 하나님과 나의 관계를 신랑과 신부, 주인과 종, 목자와 양, 친구로 비유하기도 합니다. 이렇게 예수님을 믿는다는 것은 하나님과 관계를 맺는 것입니다.

예수님을 믿는 것을 관계로 표현하는 이유는 무엇일까요? 관계는 실제이기 때문입니다. 아버지와 아들, 신랑과 신부, 친구 관계는 실제입니다. 실제로 만나서 대화를 나누고, 함께 먹고 마시고, 함께 기뻐하고 아파하고, 친밀한 사랑과 사귐을 나눕니다. 이렇듯 신앙생활은 관념적으로만 해석하고 정의되는 것이 아닙니다. 삶의 현장에서 실제로 경험하는 일입니다.

친밀함의 차이

관계에도 차이가 있습니다. 그러나 모든 관계가 친밀한 것은 아닙니다. 함께 살을 맞대고 사는 부부라 할지라도 애정의 차이가 있습니다. 가까이하기에는 너무나 먼 당신이 있습니다. 많은 친구가 있지만 마음을 터놓고 이야기할 수 있는 친구는 별로 없습니다.

출애굽기 24장에는 하나님이 시내산에서 모세를 부르시는 장면이 나옵니다. 이에 모세는 산꼭대기까지 올라가 하나님을 경배합니다. 모세와 동행했던 아론과 나답과 아비후, 70인 장로는 산 중턱에서, 나머지 백성들은 진에 머물면서 하나님을 경배했습니다. 하나님을 경배하는 사람들의 위치가 각기 달랐습니다.

모세는 구약 시대에 하나님과 가장 친밀한 사귐을 나눴던 사람

인생의 밤을 만났을 때

입니다. 성경은 "사람이 자기의 친구와 이야기함 같이 여호와께서는 모세와 대면하여 말씀하시며"(출 33:11a)라고 기록합니다. 하나님과 얼마나 친밀한 관계였으면 '하나님이 친구와 이야기함 같이 얼굴과 얼굴을 맞대며 말씀하셨다'라고 했겠습니까?

모세가 세상을 떠나자 성경은 그의 인생을 이렇게 평가합니다.

"모세는 여호와께서 대면하여 아시던 자요"(신 34:10b)

하나님이 얼굴과 얼굴을 마주 대하고 말씀하실 정도로 하나님과 제일 친한 사람이었다는 말입니다. 동일한 하나님의 언약 백성임에도 불구하고, 산 아래 진영에서 하나님을 경배하는 사람이 있었고, 모세처럼 산에 올라 하나님의 임재 가운데서 친구처럼 대면하여 친밀한 사귐을 나눈 사람이 있었습니다.

오늘 새 언약의 백성으로 살아가는 우리도 마찬가지입니다. 예수님을 믿음으로 죄 사함을 받고 새로운 피조물이 되어 하나님과의 관계가 맺어졌음에도 불구하고, 성전의 뜰만 밟고 다니는 사람들이 있습니다. 이런 사람들은 예배를 드려도 아무런 감동이 없습니다.

반면 어떤 사람들은 예배를 드릴 때마다 지성소까지 들어가 하나님의 임재 가운데 예배를 드립니다. 마음을 다하고 성품을 다하고 뜻을 다하여 주님을 사랑합니다. "주여!"라는 말 한마디에 뜨거운 눈물이 고입니다.

이렇게 모든 관계에는 차이가 있습니다. 애정의 차이가 있고, 사귐의 차이가 있고, 경배의 차이가 있습니다.

왜 하나님을 가까이해야 하는가

야고보 기자는 "하나님을 가까이하라"고 말합니다.

"하나님을 가까이하라 그리하면 너희를 가까이하시리라"(8절a)

물리적 거리를 말하는 것이 아닙니다. 마음의 거리, 곧 친밀함을 말하는 것입니다.

그렇다면 하나님을 가까이해야 하는 이유는 무엇입니까?

첫째, 야고보 기자가 기록했듯이, 우리가 하나님을 가까이할 때 하나님도 우리를 가까이하시기 때문입니다.

영화를 보면 조직폭력배나 건달로 나오는 인물이 상대방으로 하여금 자신을 강제로 사랑하게 만들어 결혼하는 경우가 있습니다. 그러고는 자신을 사랑하지 않고 외면하거나 도망치면 복수할 거라고 협박합니다. 자신이 원하는 사랑이 이루어지지 않으면

인생의 밤을 만났을 때

'너 죽고 나 죽자'며 달려들기도 합니다.

하나님은 우리가 생각하는 것 이상으로 인격적이십니다. 그러므로 하나님과 우리의 관계 역시 인격적입니다. 하나님은 우리가 죄 가운데 있을 때 불가항력적인 은혜를 베풀어 우리를 죄에서 구원하셨습니다. 하지만 그분의 자녀로 삼으신 후에는 강제로 하나님을 사랑하게 하거나 억지로 친밀함을 요구하지 않으십니다.

하나님은 분명 우리를 사랑의 대상으로 지으셨습니다. 우리와 더불어 먹고 마실 만큼의 친밀한 사귐을 위해 우리 가운데 영으로 찾아오셨습니다. 하지만 친밀한 사귐을 강요하지 않으십니다. 대신 우리가 마음의 문을 열 때까지 오래 참으십니다. 하나님께로 가까이 나아올 수 있도록 기다려 주십니다. 그러므로 내 모든 의지를 동원하여 하나님을 가까이해야 합니다. 내가 하나님을 가까이할 때 하나님도 나를 가까이하시기 때문입니다.

둘째, 하나님이 우리를 위해 싸워 주시기 때문입니다.

여호수아는 세상을 떠나기 직전에 마지막으로 이스라엘 백성들에게 말합니다.

"오직 너희의 하나님 여호와께 가까이 하기를 오늘까지 행한 것 같이 하라"(수 23:8)

"오늘까지"는 가나안에 들어와 전쟁을 치렀던 초기부터 지금까지를 말합니다. 이스라엘 백성들은 가나안에 들어와 원주민을 몰아낼 때에 하나님을 가까이했습니다.

"이는 여호와께서 강대한 나라들을 너희의 앞에서 쫓아내셨으므로 오늘까지 너희에게 맞선 자가 하나도 없었느니라"(수 23:9)

이스라엘 백성이 하나님을 가까이했기 때문에 하나님이 가나안의 강대한 나라들을 쫓아내셨고, 오늘까지도 맞선 자가 없었습니다. 객관적으로 보면 가나안의 여러 족속이 숫자도 훨씬 많았고, 철병거로 무장된 더 강력한 전투력을 가지고 있었습니다. 그러나 이스라엘 백성들이 하나님을 가까이했을 때 아무도 대적할수 없었습니다. 하나님이 그들과 함께하심을 보면서 가나안 족속은 마음이 녹았고 정신을 잃었습니다. 지레 겁을 먹고 두려워 떨었습니다. 결국 하나님을 가까이한 이스라엘이 승리했습니다.

하나님을 가까이하면 하나님이 우리를 위해 싸워 주십니다. 전쟁은 여호와께 속한 것입니다. 그러므로 영적 전쟁에서 승리하기 위해서는 하나님을 가까이해야 합니다.

셋째, 복과 저주의 기준이 되기 때문입니다.

성경은 하나님을 가까이함이 복이라고 말합니다.

"하나님께 가까이 함이 내게 복이라"(시 73:28a)

하나님과 멀어지는 것을 저주라고도 말합니다.

"무릇 주를 멀리하는 자는 망하리니 음녀 같이 주를 떠난 자를 주께서 다 멸하셨나이다"(시 73:27)

'주를 멀리하는 자는 망한다'는 것은 저주를 말합니다. 하나님이 말씀하시는 복과 저주의 기준은 하나님을 가까이하느냐 멀리하느냐에 있습니다.

세상은 돈을 많이 벌고, 좋은 직장에 다니고, 건강하고, 출세하면 성공했다고 말하고 그것을 복으로 여깁니다. 하지만 그 출세와 건강과 부요함 때문에 교만해져서 하나님과 멀어진다면 그것은 복이 아니라 오히려 저주입니다. 반면 고난과 질병, 실패와 가난으로 인해 하나님 앞에 무릎 꿇는 시간이 많아지고 하나님께로 더 가까이 나아간다면, 그것은 저주가 아니라 복이 됩니다.

함부로 성공과 실패를, 복과 저주를 예단하지 마십시오. 끝까지 가 봐야 압니다.

하나님을 가까이하는 삶

그렇다면 하나님을 가까이하는 삶은 어떤 모습일까요?

첫째, 마귀를 대적합니다.

야고보 기자는 "하나님을 가까이하라"는 말에 앞서 "마귀를 대적하라"고 합니다.

"마귀를 대적하라 그리하면 너희를 피하리라"(7절b)

이 말씀을 기록한 이유는 무엇일까요? 우리의 삶이 영적 전쟁일 뿐만 아니라 마귀의 주된 임무가 바로 우리가 하나님과 멀어지게 하는 것이기 때문입니다. 마귀는 그 목적을 위해 수단과 방법을 가리지 않습니다. 그래서 주로 선택하는 방법이 출세와 성공의 유혹입니다. 때로는 질병과 가난을 통해, 때로는 언론과 정치권력을 통해 하나님과 멀어지게 합니다. 또 세상의 여러 관습과 우리가 경험한 상처와 배신의 아픔을 이용하기도 합니다. 사탄이 노리는 것은 실패와 질병, 가난과 배신, 상처 그 자체가 아닙니다. 그것들을 통해 우리가 하나님과 멀어지게 하는 것이 최종 목표입니다.

둘째, 손을 깨끗이 하고 마음을 성결하게 합니다.

"죄인들아 손을 깨끗이 하라 두 마음을 품은 자들아 마음을 성결하게 하라"(8절b)

하나님은 거룩하신 분입니다. 그러므로 하나님께로 가까이 나아가려면 손을 깨끗이 하고 마음을 성결하게 해야 합니다. 한마디로 회개해야 합니다. 하나님과 우리 사이를 멀어지게 만드는 것이 무엇입니까? 바로 죄입니다.

"오직 너희 죄악이 너희와 너희 하나님 사이를 갈라 놓았고 너희 죄가 그의 얼굴을 가리어서 너희에게서 듣지 않으시게 함이니라"(사 59:2)

내가 지은 죄를 솔직하게 인정하고 고백해야 합니다. 그리고 구체적으로 죄에서 돌이켜야 합니다. 그럴 때 하나님은 우리와 가까이하십니다. 하나님과 가까워지기 위해서는 매일 하나님과 나 사이를 가로 막고 있는 죄악들을 찾아 고백하고 회개해야 합니다. 우리는 회개하는 만큼 하나님께로 가까이 나아갑니다. 회개의 깊이가 친밀함의 깊이입니다.

셋째, 기도합니다.

"우리 하나님 여호와께서 우리가 그에게 기도할 때마다 우리에게 가까이 하심과 같이 그 신이 가까이 함을 얻은 큰 나라가 어디 있느냐"(신 4:7)

"여호와께서는 자기에게 간구하는 모든 자 곧 진실하게 간구하는 모든 자에게 가까이 하시는도다"(시 145:18)

성경은 우리가 기도할 때마다 하나님이 우리와 가까이하신다고 말합니다. 간구하는 모든 자에게 가까이하신다고 합니다. 그렇습니다. 내가 기도의 무릎을 꿇으면 하나님이 내게 가까이 다가오십니다. 하나님이 내게 가까이 다가오시도록 하는 것, 그것은 바로 기도입니다.

물론 하나님은 무소부재하십니다. 때문에 언약 백성들과 늘 함께하고 그들 곁에 계십니다. 그러나 하나님이 내 곁에 계신다고 해서 저절로 그분과 친밀해지는 것은 아닙니다. 아무리 좋은 사람이 곁에 있어도 시간을 들여 그와 대화를 나누거나 사귀지 않으면 절대로 가까워지지 않습니다. 하나님과의 관계도 마찬가지입니다.

하나님은 그분을 필요로 하고 그분의 도우심을 구하는 자를 가까이하십니다. 그렇기 때문에 신앙생활을 아무리 오래했어도 기도로 나아가지 않으면 하나님이 언제나 저 멀리 계시는 것처럼 느껴집니다. 하나님과 가까워지고 싶습니까? 시간을 정해놓고 진실한 마음으로 그분께 기도하십시오.

넷째, 하나님의 말씀을 가까이합니다.

"태초에 말씀이 계시니라 이 말씀이 하나님과 함께 계셨으니 이 말씀은 곧 하나님이시니라"(요 1:1)

"말씀"은 예수 그리스도를 가리킵니다. "태초"는 시간이 시작되기 전, 만물이 시작되기 전의 영원을 말합니다. 물론 "말씀은 곧 하나님이시니라"라는 것이 '성경 그 자체가 인격을 가진 하나님이시다'라는 뜻은 아닙니다. 그럼에도 불구하고 성경은 '말씀은 곧 하나님이시다'라고 말합니다.

성경에서 예수 그리스도를 하나님의 말씀으로 표현한 이유는 무엇일까요?

먼저는 하나님이 말씀을 통해 구원을 계시하고 자신을 알리시기 때문입니다. 또한 영이신 하나님이 말씀을 통해 우리 인간과 교제하시고, 성령은 언제나 말씀을 따라 행하시기 때문입니다.

천지를 창조할 때에도 하나님의 영은 수면 위를 운행하고 계셨습니다. 하지만 어떤 일도 일어나지 않았습니다. 하나님이 말씀하시기 전까지 땅은 여전히 혼돈 가운데 있었습니다. 그런데 하나님이 "빛이 있으라"라고 말씀하시자 빛이 생겼습니다. 하나님은 언제나 말씀을 따라 행하십니다. 말씀이 주어지기 전까지 성령은 아무 일도 하지 않으십니다.

또한 하나님은 영이시기 때문에 형상이 없다는 사실을 가르치기 위함도 있습니다. 많은 사람이 하나님을 어떤 형상으로서의 신으로 생각합니다. 그러나 하나님은 형상이 아닌 말씀으로 존재하십니다.

이런 이유로 성경은 말씀이 곧 하나님이심을 증거하는 것입니다. 그러므로 하나님을 가까이하는 것은 곧 하나님의 말씀을 가까이하는 것입니다. 하나님은 모세가 죽고 난 이후 이스라엘의 지도자가 된 여호수아에게 한 가지를 명하셨습니다.

"이 율법책을 네 입에서 떠나지 말게 하며 주야로 그것을 묵상하여 그 안에 기록된 대로 다 지켜 행하라 그리하면 네 길이 평탄하게 될 것이며 네가 형통하리라"(수 1:8)

하나님은 여호수아에게 '이 율법책 곧 하나님의 말씀을 네 입에서 떠나지 말게' 하고 그 말씀을 '주야로 묵상'하고 '다 지켜 행하라'고 하셨습니다.

인생의 밤을 만났을 때

보십시오. 무엇이 먼저입니까? 하나님의 말씀을 가까이하는 것입니다. 다음에 그 말씀을 묵상하는 것입니다. 그럴 때에 하나님의 말씀대로 지켜 행할 수 있습니다. 하나님을 사랑하는 사람들은 하나님의 말씀을 가까이했습니다. 시편 기자는 하나님의 말씀을 어찌나 사랑했는지 하루 종일 작은 목소리로 읊조렸다고 말합니다.

"내가 주의 법을 어찌 그리 사랑하는지요 내가 그것을 종일 작은 소리로 읊조리나이다"(시 119:97)

'읊조린다'는 것은 '말씀이 내 입에서 떠나지 않는 것'을 말합니다. 시편 기자는 조용히 주의 말씀을 읊조리기 위해 새벽녘에 눈을 떴습니다.

"주의 말씀을 조용히 읊조리려고 내가 새벽녘에 눈을 떴나이다"(시 119:148)

하나님을 가까이, 말씀을 가까이

하나님의 말씀이 내 입에서 떠나지 않으면 그 말씀이 내 생각과 마음을 지배합니다. 하나님의 말씀이 내 입에서 읊조려지면 내 입술의 말과 행동이 말씀의 지배를 받습니다. 그렇게 되면 우리는 말씀대로 이루어지는 놀라운 사건들을 삶 속에서 경험할 수 있습니다.

저 역시 새벽에 눈 뜨는 순간 말씀으로 신앙을 고백하고 여러 말씀을 암송하면서 하루를 시작합니다. 그 말씀을 내 안에서 기억하고 묵상할 때 나를 향한 큰 은혜를 깨닫게 됩니다. 그럴 때 충만한 감사와 기쁨으로 하나님 나라를 위한 힘찬 발걸음을 시작할 수 있습니다.

사울 왕이 버림받은 이유가 무엇입니까? 하나님의 말씀을 버렸기 때문입니다. 하나님은 분명히 아말렉과의 싸움에서 모든 것을 진멸하라고 하셨습니다. 하지만 그는 말씀을 어기고 가장 좋은 소와 양을 남겨 두었습니다. 그러자 하나님은 사무엘 선지자를 보내어 "왕이 여호와의 말씀을 버렸으므로 여호와께서도 왕을 버려 왕이 되지 못하게 하셨나이다"(삼상 15:23b)라고 말하게 하셨습니다.

반면 시편 기자는 "내가 주께 범죄하지 아니하려 하여 주의 말씀을 내 마음에 두었나이다"(시 119:11)라고 고백했습니다. 하나님을 가까이하는 것은 곧 하나님의 말씀을 가까이하는 것입니다. 하나님의 말씀을 가까이하는 것은 말씀이 내 입에서 떠나지 않게 하는 것입니다. 하나님을 가까이하십시오. 그것이 내 평생 사는 동안 가장 큰 복입니다.

요한일서 5장 1-3절

1 예수께서 그리스도이심을 믿는 자마다 하나님께로부터 난 자니 또한 낳으신 이를 사랑하는 자마다 그에게서 난 자를 사랑하느니라

2 우리가 하나님을 사랑하고 그의 계명들을 지킬 때에 이로써 우리가 하나님의 자녀를 사랑하는 줄을 아느니라

3 하나님을 사랑하는 것은 이것이니 우리가 그의 계명들을 지키는 것이라 그의 계명들은 무거운 것이 아니로다

07

하나님을
사랑하라

작가이기도 한 김병년 목사님의 간증은 우리의 가슴을 먹먹하
게 합니다. 목사님은 40세에 교회를 개척했는데, 당시 전 재산은
천만 원이 전부였습니다. 그런데 개척 석 달 후 아내가 그만 뇌경
색으로 쓰러졌습니다. 셋째 아이를 낳은 뒤였습니다. 이사를 가
야 했지만 마땅한 곳이 없었습니다. 어떻게도 할 수 없는, 말 그대
로 사면초가의 상황에서 하나님은 기적 같은 도우심으로 목사님
의 상황을 반전시키셨습니다. 생각지도 못했던 여러 도움의 손길
을 통해 부족함이 없게 하신 것입니다.

그러나 목사님의 울부짖는 기도는 돈에 대한 것이 아니었습니
다. 아내의 회복이었습니다. 절박하게 기도하던 중에 목사님은

중요한 사실을 깨닫게 됩니다. 우리는 기도할 때 언제나 내 문제가 해결되고 응답되기를 바라지만, 하나님의 방법은 다르다는 사실입니다. 하나님은 그분 자신이 먼저 우리 삶 속에 들어오시고, 깨닫게 하시고, 우리와 함께하십니다. 이것이 하나님의 문제 해결 방법입니다.

신경이 마비된 아내와 세 아이를 돌보며 힘겨운 삶을 살아온 김병년 목사님의 책 『바람 불어도 좋아』(IVP, 2013)에는 그런 하나님의 사랑에 대한 고백이 담담하게 기록되어 있습니다. 말씀으로 일하시고, 말씀과 함께 계시며, 말씀에 담긴 주님의 사랑과 그 사랑으로 회복되어 가는 목사님의 이야기는 많은 그리스도인에게 도전을 줍니다. 목사님은 지금도 누구보다 진실하게 하나님을 사랑하며, 그리스도의 복음을 증거하는 신실한 종으로 행복하게 살아가고 있습니다.

믿음은 사랑으로 증명된다

사랑의 사도 요한이 노인이 되었을 때, 그는 에베소에 머물며 모든 그리스도인에게 보내는 서신서를 기록했습니다. 이 편지에는 당시 교회에 침투한 거짓 가르침을 경계하며 빛 되신 하나님의 진리와 사랑을 강조하는 내용이 담겨 있습니다. 특히 요한은

"하나님은 사랑이시라"(요일 4:16)라고 강조합니다. '사랑이 곧 하나님이시다'라는 말이 아닙니다. '하나님의 본질이 곧 사랑이시다'라는 말입니다. 사랑 없는 하나님은 존재할 수도 없고, 사랑을 말하지 않고는 하나님을 설명할 수 없습니다.

신앙생활 역시 사랑 없이는 불가능합니다. 하나님에 대한 사랑 없이 어떻게 하나님을 예배할 수 있으며, 한 영혼에 대한 사랑 없이 어떻게 전도할 수 있겠습니까? 사랑이 없으면 예수님을 따라 좁은 길을 걸을 수도, 주님의 마음으로 용서할 수도 없습니다. 신앙의 핵심은 바로 사랑입니다.

또한 사랑은 믿음의 성장을 나타내는 기준이 됩니다. 그리스도인은 "믿음이 성장했다", "신앙심이 깊어졌다" 같은 말을 자주 합니다. 이런 말들의 기준은 무엇일까요? 성경 공부입니까? 예배 출석입니까? 헌금생활 혹은 봉사와 섬김입니까? 일부는 맞을 수 있습니다. 그러나 이 모든 것을 아무리 잘했다 할지라도 그 마음에 주님을 향한 사랑이 없다면 결코 "믿음이 성장했다", "신앙심이 깊어졌다"고 말할 수 없습니다. 다른 무엇보다 하나님을 사랑하는 것이 가장 큰 계명이기 때문입니다.

믿음의 성장은 내가 주님을 이전보다 더 사랑하는가에 달려 있습니다. 열심히 예배를 드리고 성경 지식을 더 많이 알게 되어도, 주님을 사랑하지 않는다면 내 믿음은 그만큼 성장하지 못한 것입니다. 주님을 향한 사랑의 깊이가 곧 믿음의 성장입니다.

모든 일에는 동기가 있습니다. 동기는 어떤 일을 하게 만드는 힘입니다. 공부나 직장생활, 신앙생활 모두 동기가 중요합니다. 그렇다면 신앙생활의 동기는 무엇일까요?

바로 하나님에 대한 사랑입니다. 신앙생활은 취미가 아닙니다. 여가선용도 아닙니다. 나 자신을 부인하고, 주님이 허락하신 십자가를 지고, 주님이 가신 좁은 길을 따르는 삶입니다. 이런 신앙생활을 경주하게 만드는 힘은 오직 하나님에 대한 사랑뿐입니다.

부활하신 주님은 사명을 잃고 다시 갈릴리 바다로 돌아간 베드로를 찾아와 건강한지, 믿음이 있는지, 어부로 살 수 있겠는지 묻지 않으셨습니다. 단 하나만 물으셨습니다. "요한의 아들 시몬아 네가 나를 사랑하느냐"(요 21:15-17). 같은 질문을 세 번이나 반복하셨습니다. 무슨 이유 때문일까요?

주님에 대한 사랑 없이는 사람을 낚는 어부로서의 사명을 감당할 수 없기 때문입니다. 주님에 대한 사랑 없이는 십자가를 지고 주님을 따를 수 없기 때문입니다. 그렇습니다. 많이 배우지 못했어도, 가난해도, 육체적 어려움이 있어도 큰 문제가 되지 않습니다. 중요한 것은 주님에 대한 사랑입니다. 주님을 사랑하지 않는 사람은 주님을 따르는 삶을 결코 살아갈 수 없습니다.

온전히 사랑하라

어느 계명이 가장 큰 계명인지 묻는 율법사에게 예수님은 "주 너의 하나님을 사랑하라"고 말씀하셨습니다.

"네 마음을 다하고 목숨을 다하고 뜻을 다하여 주 너의 하나님을 사랑하라 하셨으니 이것이 크고 첫째 되는 계명이요"(마 22:37-38)

'하나님을 사랑하는 것이 가장 크고 첫째 되는 계명'이라고 말씀하십니다. 또한 '하나님을 사랑하되 마음을 다하고 목숨을 다하고 뜻을 다하여 주 너의 하나님을 사랑하라'라고 하십니다. 이 구절에는 '다하여'라는 단어가 세 번 반복됩니다. '다한다'는 말은 '모든 것을 건다'는 의미입니다. 따라서 이 말씀은 나 자신의 전 존재를 쏟아 부어 하나님을 사랑하라는 뜻입니다.

마음을 다하여 사랑하라

주님은 '마음을 다하여 사랑하라'고 말씀하셨습니다.

사랑은 머리로 하는 것이 아니라 가슴, 곧 마음으로 하는 것이기 때문입니다. 보통 사랑을 나타낼 때는 마음을 상징하는 하트

모양을 사용합니다. 어머니가 자녀를 사랑할 때 머리로 하지 않습니다. 마음으로 사랑합니다. 제 손녀가 집에 와 있는데 시도 때도 없이 숨바꼭질을 하자고 합니다. 그리고 복도를 기어가면서 할아버지도 자기를 따라 기어오라고 합니다. 그러면 저도 복도를 기어서 갑니다. 그런데 기분이 나쁘지 않습니다. 힘들지도 않습니다. 마음으로 사랑하기 때문입니다. 만일 머리로 사랑한다면 기어가면서까지 놀아 주지 않을 것입니다. 어쩌면 훈계하면서 혼을 낼지도 모릅니다.

목숨 걸고 사랑하라

주님은 또한 '목숨을 걸고 사랑하라'고 하셨습니다.

진정한 사랑은 목숨을 겁니다. 목숨을 걸 만큼 상대가 소중하기 때문입니다. 주님이 우리를 그렇게 사랑하셨습니다. 예수님은 적당히 계산하며 사랑하지 않으셨습니다. 십자가 위에서 자신의 생명을 주면서까지 사랑하셨습니다.

사도 바울도 주님을 그렇게 사랑했습니다. 주변 사람들이 예루살렘에 올라가지 말라고 만류할 때도 그는 끝내 그 길을 갔습니다. 죽음을 각오할 만큼 사랑했기 때문입니다.

"여러분이 어찌하여 울어 내 마음을 상하게 하느냐 나는 주 예수

인생의 밤을 만났을 때

의 이름을 위하여 결박 당할 뿐 아니라 예루살렘에서 죽을 것도 각오하였노라"(행 21:13)

에스더 역시 자기 백성을 사랑했기에 "죽으면 죽으리이다"(에 4:16b)라는 각오로 법을 어기면서까지 아하수에로 왕에게 나아 갔습니다. 진정한 사랑은 생명을 거는 것을 두려워하지 않습니다. 그 너머의 가치를 봅니다. 하나님의 큰 뜻을 바라봅니다.

뜻을 다하여 사랑하라

주님은 마지막으로 '뜻을 다하여 사랑하라'고 말씀하셨습니다. 이는 온 정성과 모든 생각과 의지를 동원하여 사랑하라는 말 입니다. 내게 주어진 시간, 돈, 정열, 은사 등 모든 것을 쏟아부어 하나님을 사랑하라는 것입니다.

하나님은 철학자의 하나님이 아닙니다. 학문의 대상도 아닙니다. 우리가 영원토록 마음을 다해 사랑해야 할 사랑의 하나님입니다. 그러므로 그분의 사랑을 알아야 하고, 날마다 마음과 목숨과 뜻을 다하여 사랑해야 합니다.

누가 하나님을 사랑하는가

그렇다면 하나님을 사랑하는 이는 누구입니까? 모든 사람이 하나님을 사랑할까요? 그렇지 않습니다. 하나님께로부터 난 자만이 하나님을 사랑합니다.

"예수께서 그리스도이심을 믿는 자마다 하나님께로부터 난 자니 또한 낳으신 이를 사랑하는 자마다 그에게서 난 자를 사랑하느니라"(1절)

하나님께로부터 난 자는 누구입니까?

"예수께서 그리스도이심을 믿는 자마다 하나님께로부터 난 자니"(1절a)

예수님이 그리스도이심을 믿는 자입니다. 그리스도는 '기름부음을 받은 자'입니다. 이는 이스라엘 백성들이 그토록 사모하며 기다렸던 메시아를 말합니다. 그러므로 예수님이 그리스도이심을 믿는 자는 예수님이 약속대로 오신 메시아이며 나의 구원자이심을 믿는 자입니다.

여러분은 진정 예수님을 그리스도로 믿습니까? 한 종교의 창시자나 철학자가 아닌 나의 구원자로 믿습니까? 예수님이 나를 위해 십자가에 달려 죽으시고 부활하심으로 나를 구원하셨음을 믿습니까? 그렇다면 여러분은 누가 뭐라고 해도 하나님께로부터 난 자입니다.

예수님을 믿고 구원받은 사람을 하나님께로부터 난 자라고 말하는 이유는 무엇일까요? 예수님의 생명으로 다시 태어났기 때문입니다. 예수님을 믿고 영접하면 우리는 그분의 생명으로 다시 태어납니다. 성경은 이를 두고 '새로운 피조물이 되었다'(고후 5:17) 혹은 '거듭남'(벧전 1:23)이라고 말합니다. 예수님은 니고데모에게 '거듭나지 아니하면 하나님의 나라를 볼 수도 없고 들어갈 수도 없다'고 말씀하셨습니다.

"진실로 진실로 네게 이르노니 사람이 거듭나지 아니하면 하나님의 나라를 볼 수 없느니라"(요 3:3)

"사람이 물과 성령으로 나지 아니하면 하나님의 나라에 들어갈 수 없느니라"(요 3:5b)

'거듭난다'를 문자 그대로 해석하면 '위로부터 태어난다'는 뜻입니다. 우리가 다시 태어나야 하는 이유는 무엇일까요? 아담의 후손으로 태어난 내 영혼이 허물과 죄로 죽었기 때문입니다. 모든 사람은 부모를 통해 이 땅에 태어납니다. 하지만 부모로부터 물려받은 생명은 영적으로는 이미 죽어 있습니다. 육체적으로도 언젠가는 죽게 됩니다.

그러나 예수님을 믿으면 그분의 생명으로 다시 태어납니다. 예수님의 생명은 죄와는 무관합니다. 죽음을 이기고 부활한 생명이기 때문입니다. 사도 요한은 "하나님이 우리에게 영생을 주신 것과 이 생명이 그의 아들 안에 있는 그것이니라 아들이 있는 자에게는 생명이 있고 하나님의 아들이 없는 자에게는 생명이 없느니라"(11b-12절)라고 했습니다.

그렇습니다. 우리가 하나님을 사랑해야 하는 이유, 그것은 바로 하나님이 나를 그분의 생명으로 낳으셨기 때문입니다.

하나님을 사랑하면 형제를 사랑한다

그렇다면 궁금해지는 게 하나 있습니다. 하나님을 사랑한다는 것은 구체적으로 무엇일까요? 눈에 보이지 않는 영이신 하나님을 우리는 어떻게 사랑할 수 있을까요? 하나님을 사랑하면 우리는 눈에 보이는 형제를 사랑하게 됩니다.

"예수께서 그리스도이심을 믿는 자마다 하나님께로부터 난 자니 또한 낳으신 이를 사랑하는 자마다 그에게서 난 자를 사랑하느니라"(1절)

하나님께로부터 난 자는 "그에게서 난 자"를 사랑한다고 말합니다. 이는 나와 동일하게 하나님께로부터 난 자, 나와 동일하게 예수님을 믿는 믿음의 형제를 가리킵니다. 하나님께로부터 난 자는 나를 낳으신 하나님을 본능적으로 사랑할 수밖에 없고, 하나님을 사랑하는 자는 하나님의 생명으로 태어난 또 다른 믿음의 형제를 사랑할 수밖에 없습니다. 낳으신 부모가 같기 때문입니다. 나와 동일한 생명으로 태어났기 때문입니다.

성경은 끊임없이 하나님을 사랑하는 자는 형제를 사랑할 수밖에 없다고 말합니다.

"누구든지 하나님을 사랑하노라 하고 그 형제를 미워하면 이는 거짓말하는 자니 보는 바 그 형제를 사랑하지 아니하는 자는 보지 못하는 바 하나님을 사랑할 수 없느니라"(요일 4:20)

요한은 "누구든지 하나님을 사랑하노라 하고 그 형제를 미워하면 이는 거짓말하는 자"라고 말합니다. 예외는 없습니다. 교회

안에서도 직분에 관계없이 이 기준이 적용됩니다. 눈에 보이는 형제를 사랑하지 않으면서 어떻게 눈에 보이지 않는 하나님을 사랑할 수 있겠습니까?

하나님은 영이시기 때문에 우리 눈에 보이지 않습니다. 하지만 우리는 늘 "하나님, 사랑합니다"라고 고백하고 기도하고 찬양합니다. 이 고백이 거짓이 아니라면, 함께 예배하고 기도하는 내 옆의 형제를 사랑해야 합니다.

물론 사랑하기 힘든 형제도 있습니다. 주는 것 없이 미운 사람이 있고, 특별한 이유로 다시 보고 싶지 않은 사람도 있습니다. 누군가와 마주치고 싶지 않아서 교회에 나오지 않는 성도도 있습니다. 하지만 하나님을 정말 사랑한다면 바로 그 형제까지도 사랑해야 합니다.

하나님을 사랑하면 계명이 무겁지 않다

하나님을 사랑하면 하나님이 주신 계명을 지키게 됩니다. 하나님을 사랑한다는 것은 곧 그분의 계명을 지키는 것입니다.

"하나님을 사랑하는 것은 이것이니 우리가 그의 계명들을 지키는 것이라"(3절a)

예수님은 형제 사랑에 대해 이렇게 말씀하셨습니다.

"너희가 나를 사랑하면 나의 계명을 지키리라"(요 14:15)

"나의 계명을 지키는 자라야 나를 사랑하는 자니"(요 14:21a)

이 말씀에서 가리키는 "계명"은 무엇입니까? 하나님을 사랑하고 이웃을 사랑하는 것입니다. 결국 사랑의 계명을 지키라는 말씀입니다. 하나님이 우리에게 주신 모든 계명을 한마디로 하면 "사랑하라"입니다.

그런데 예수님은 '사랑하라'고 하지 않고, '계명을 지키라'고 말씀하셨습니다. 사랑은 추상명사라서 얼마나 사랑하고 있는지 확인하기 어렵습니다. 반면 계명을 지키는 것은 행위로 나타납니다. 눈에 보이면 확인할 수 있습니다. 그렇기에 성경은 하나님을 사랑하라고 말하면서 그 계명을 지키라고 하는 것입니다.

사실 대다수 그리스도인은 이 계명을 지키는 것이 힘들다고 말합니다. 물론 계명을 지키려면 때로는 물질의 손해를 보아야 합니다. 말씀을 지키기 위해 친구들과의 관계를 정리해야 할 때도 있습니다. 취미생활을 바꿔야 할 수도 있고, 어떤 경우에는 다니던 직장을 그만두어야 할 때도 있습니다. 하지만 성경은 계명 지키는 일이 '무거운 것이 아니다'라고 말합니다.

"하나님을 사랑하는 것은 이것이니 우리가 그의 계명들을 지키는
것이라 그의 계명들은 무거운 것이 아니로다"(3절)

모세 역시 하나님의 계명들은 어렵지도 멀지도 않다고 말했습
니다.

"내가 오늘 네게 명령한 이 명령은 네게 어려운 것도 아니요 먼 것
도 아니라"(신 30:11)

그 이유는 이렇습니다.

"오직 그 말씀이 네게 매우 가까워서 네 입에 있으며 네 마음에 있
은즉 네가 이를 행할 수 있느니라"(신 30:14)

하나님의 말씀이 내게 가까워서 내 입과 마음에 있으면 말씀대
로 행하는 것이 쉽다는 것입니다. 말씀이 가까이 있으면 그 말씀
을 지키는 일은 무거운 짐이 되지 않습니다. 반대로 말씀이 내 마
음과 입술에서 멀리 떨어져 있으면 버거운 짐으로 다가옵니다.

인생의 밤을 만났을 때

중요한 것은 하나님의 말씀을 가까이하는 것입니다. 하나님의 말씀을 내 입과 마음에 있게 하는 것입니다.

말씀을 가까이하는 방법은 무엇일까요? 어떻게 하나님의 말씀을 내 입과 내 마음에 둘 수 있을까요? 하나님을 사랑하면 됩니다. 하나님을 진실하게 사랑하면 그 어떤 계명도 무거운 짐이 되지 않습니다.

야곱을 보십시오. 야곱은 자신이 사랑했던 라헬을 얻기 위해 삼촌 라반의 집에서 7년을, 그리고 다시 또 7년을 더 섬겼습니다. 그런데 "그를 사랑하는 까닭에 칠 년을 며칠 같이 여겼더라"(창 29:20b)라고 했습니다. 사랑했기 때문입니다. 문제는 사랑입니다. 사랑하면 힘들지 않습니다. 짐으로 생각되지 않습니다.

사랑하는 사람에게서 받은 편지를 어떻게 합니까? 휴지통에 던져 버립니까? 절대 그렇게 하지 않습니다. 읽고 또 읽습니다. 하나님의 말씀은 하나님이 보내신 사랑의 편지입니다. 하나님의 사람은 그 사랑의 말씀을 읽고 또 읽고 묵상합니다.

하나님을 사랑하면 말씀을 사랑한다

말씀은 곧 하나님입니다. 그러므로 하나님을 사랑하는 것은 하나님의 말씀을 사랑하는 것입니다. 시편 기자는 이렇게 고백했습니다.

"내가 주의 법을 어찌 그리 사랑하는지요 내가 그것을 종일 작은
소리로 읊조리나이다"(시 119:97)

하나님의 말씀을 너무나 사랑했기에 그 말씀을 종일 읊조린다
고 합니다. 그렇습니다. 말씀을 사랑하는 자는 말씀을 읊조리며
종일 그 말씀을 묵상합니다.

신앙생활은 마지못해 십자가를 지고 어쩔 수 없이 고행 길을
걷는 삶이 아닙니다. 과거 율법 아래 있던 사람들은 고행하는 수
도승처럼 신앙생활을 했습니다. 613가지의 계명을 만들어 반드
시 지키도록 강요했습니다. 그러나 이것은 종교생활이지 주님이
원하시는 신앙생활이 아닙니다. 신앙생활은 하나님을 사랑하는
것에서 출발합니다. 하나님을 사랑하기에 그 말씀을 내 입과 마
음에 두고 지켜 행하며 사는 것입니다.

캐나다에 페드스톤(Pedstone)이라는 신실한 믿음의 자매가 있
었습니다. 안타깝게도 그녀는 젊은 나이에 설암에 걸려서 혀를
절단해야 했습니다. 수술 전, 의사가 물었습니다. "잠시 후면 혀를
절단해야 하는데 당신의 혀로 마지막으로 하고 싶은 말은 무엇입
니까?" 그녀의 마지막 말은 이것이었습니다. "주님, 제가 당신을

사랑합니다."

　하나님을 사랑하십시오. 하나님에 대한 사랑이 우리 신앙의 핵심이고, 신앙생활을 하게 하는 힘입니다. 마음과 목숨과 뜻을 다해 주 나의 하나님을 사랑하십시오. 하나님은 이미 그렇게 여러분을 사랑하고 계십니다.

3부

말씀은 나를 위한
기적을 남긴다

"모든 이스라엘은
그 마른 땅으로 건너갔더라"

여호수아 3장 14-17절

14 백성이 요단을 건너려고 자기들의 장막을 떠날 때에 제사장들은 언약궤를 메고 백성 앞에서 나아가니라

15 요단이 곡식 거두는 시기에는 항상 언덕에 넘치더라 궤를 멘 자들이 요단에 이르며 궤를 멘 제사장들의 발이 물 가에 잠기자

16 곧 위에서부터 흘러내리던 물이 그쳐서 사르단에 가까운 매우 멀리 있는 아담 성읍 변두리에 일어나 한 곳에 쌓이고 아라바의 바다 염해로 향하여 흘러가는 물은 온전히 끊어지매 백성이 여리고 앞으로 바로 건널새

17 여호와의 언약궤를 멘 제사장들은 요단 가운데 마른 땅에 굳게 섰고 그 모든 백성이 요단을 건너기를 마칠 때까지 모든 이스라엘은 그 마른 땅으로 건너갔더라

08

기적은
그냥 오지 않는다

코로나-19 상황이 잠잠해지는 것 같다가도 다시 악화되기를 반복하면서 한 치 앞을 예측하기 힘든 날이 지속되고 있습니다. 누구도 예외 없이 모두가 힘겨운 상황입니다. 이러한 때일수록 우리는 더욱 말씀에 매달려야 합니다. 하나님의 말씀을 읽고 암송하고 기록하고 말씀대로 순종해야 합니다. 그럴 때 우리 삶에 놀라운 말씀의 기념비가 세워질 것입니다.

성경을 보면 기념비는 하나님이 행하신 놀라운 일들로 인해 세워졌습니다. 사무엘이 세운 에벤에셀의 기념비도 블레셋과의 싸움에서 승리한 이후에 세워졌습니다. 길갈에 세워진 열두 돌 기념비 역시 요단강을 건넌 기적 이후에 세워졌습니다. 이처럼 우리 삶에 기념비가 세워지려면 반드시 하나님이 행하신 일이 있어야 합니다. 영원히 잊지 않고 기억될 수 있는 놀라운 사건이 먼저 일어나야 합니다.

기적의 공식

신구약을 통틀어 성경에는 많은 기적이 기록되어 있습니다. 그런데 하나님이 행하시는 기적에는 하나의 공식이 있습니다. 하나님이 말씀하시고, 그 말씀에 대한 순종이 있었다는 사실입니다. 순종이란 하나님의 말씀을 따르는 것입니다. 환경과 상식을 뛰어넘어, 대세를 따르지 않고, 오직 하나님의 약속을 붙들고 믿음으로 도전하는 것입니다. 성경을 보십시오. 말씀에 대한 순종 없이 일어나는 기적이 있습니까? 없습니다. 하나님이 행하신 기적을 보면 반드시 누군가의 순종이 있었습니다.

누가복음 17장에는 열 명의 한센병자들이 예수님을 만나는 장면이 나옵니다. 그들에게 기적이 일어났습니다. 길을 가던 도중 자신들도 모르는 사이에 병이 나은 것입니다! 어떻게 그런 일이 일어났을까요? "제사장들에게 너희 몸을 보이라"(눅 17:14)는 예수님의 말씀에 순종했기 때문입니다.

아람의 나아만 장군도 마찬가지입니다. 엘리사는 한센병을 앓고 있는 나아만에게 사자를 보내 "너는 가서 요단강에 몸을 일곱 번 씻으라 네 살이 회복되어 깨끗하리라"(왕하 5:10)라고 했습니다. 이에 나아만은 장군으로서의 모든 자존심을 내려놓고 말씀에 순종했습니다.

"나아만이 이에 내려가서 하나님의 사람의 말대로 요단 강에 일곱 번 몸을 잠그니 그의 살이 어린 아이의 살 같이 회복되어 깨끗하게 되었더라"(왕하 5:14)

밤새 고기를 한 마리도 잡지 못한 베드로가 피곤한 몸으로 그물을 씻고 있었습니다. 그때 예수님이 찾아와 말씀하셨습니다.

"깊은 데로 가서 그물을 내려 고기를 잡으라"(눅 5:4b)

베드로는 갈릴리 바다에서 평생 고기를 잡아온 베테랑 어부입니다. 자신의 상식과 경험에 비추어 보면 도저히 받아들일 수 없는 명령이었습니다. 하지만 결단했습니다.

"말씀에 의지하여 내가 그물을 내리리이다"(눅 5:5b)

베드로는 오직 말씀을 의지했습니다. 순종함으로 나아가 깊은 곳에 그물을 내렸습니다. 그러자 어떤 일이 벌어졌습니까? 그물이 찢어질 정도로 고기가 잡혔습니다.

"그렇게 하니 고기를 잡은 것이 심히 많아 그물이 찢어지는지라"(눅 5:6)

가나의 혼인 잔치 중에 포도주가 떨어졌습니다. 예수님의 어머니 마리아는 하인들에게 "너희에게 무슨 말씀을 하시든지 그대로 하라"(요 2:5)고 말했습니다. 하인들은 예수님의 말씀대로 항아리에 물을 채우고 그 물을 떠서 연회장에 갖다 주었습니다. 그랬더니 물이 변하여 포도주가 되는 기적이 일어났습니다.

"연회장은 물로 된 포도주를 맛보고도 어디서 났는지 알지 못하되 물 떠온 하인들은 알더라"(요 2:9)

하인들의 순종으로 기적이 일어났습니다. 순종한 자만이 알 수 있는 기적이었습니다.

아합 왕이 엘리야를 찾아 죽이려 할 때, 하나님은 엘리야에게 요단 앞 그릿 시냇가에 숨을 것을 명하셨습니다. 까마귀들에게 명령하여 먹이겠다고 약속하시면서 말입니다.

하나님이 분명하게 말씀하셨지만, 그 약속을 믿고 행동으로 옮긴다는 것은 결코 쉬운 일이 아닙니다. 엘리야는 까마귀를 통해 먹이시겠다는 하나님의 말씀이 상식적으로 이해가 되지 않았습니다. 하지만 약속의 말씀을 믿고 즉각 순종하여 그릿 시냇가로 나아갔습니다.

"그가 여호와의 말씀과 같이 하여 곧 가서 요단 앞 그릿 시냇가에 머물매 까마귀들이 아침에도 떡과 고기를, 저녁에도 떡과 고기를 가져왔고 그가 시냇물을 마셨으나"(왕상 17:5-6)

'여호와의 말씀과 같이 하였다'는 말은 '여호와의 말씀에 근거하여 결정하였다'는 뜻입니다. 어디로 가야 할지, 어디에 머물러야 할지를 결정하는 그 선택의 순간, 하나님의 말씀을 따른 것입니다.

엘리야 사역의 특징은 한마디로 '말씀을 따라'입니다. 말씀을 따르는 순종이 있었기에 까마귀를 통해 먹이시는 놀라운 기적을 경험했습니다. 하지만 많은 사람이 말씀에 대한 순종 없이 그저 막연한 바람으로 까마귀를 기다리고 있습니다. "하나님, 까마귀를 통해 엘리야를 먹이셨던 것처럼, 제 인생에도 까마귀의 기적을 허락하여 주십시오"라고 구합니다. 하지만 순서가 중요합니다. 기적이 먼저가 아닙니다. 말씀에 대한 순종이 먼저입니다. 순종 없이는 어떤 기적도 일어나지 않습니다. 기억하십시오. 하나님이 행하시는 모든 기적에는 하나님의 말씀과 그 말씀에 대한 순종이 있었습니다.

한번도 가 보지 못한 길에 필요한 것

여호수아 3장에는 출애굽한 이스라엘 백성들이 광야 40년을 거쳐 가나안 목전에 서 있는 장면이 나옵니다. 이제 요단강만 건너면 드디어 약속의 땅에 들어갈 수 있습니다. 이때 하나님은 요단을 건너는 기적에 앞서 이스라엘 백성들에게 '한 번도 경험해 보지 못한 길을 걷게 될 것'이라고 말씀하셨습니다.

"그리하면 너희가 행할 길을 알리니 너희가 이전에 이 길을 지나 보지 못하였음이니라 하니라"(4절b)

출애굽한 이스라엘 백성들은 지금까지 한 번도 경험해 보지 못한 40년 광야의 인생길을 걸어 왔습니다. 그런데 요단강을 건너 가나안 땅에 들어가는 이 길 역시 이전에 지나 보지 않은 길이라고 말씀하십니다.

인생을 산다는 것은 한 번도 가 보지 않은 길을 걷는 것과 같습니다. 반복되는 삶의 연속인 것 같지만 엄밀하게 말하면 우리는 한 번도 경험해 보지 못한 시간을 맞고, 한 번도 가 보지 못한 길을 걷습니다. 그러니 우리에게 주어진 시간이 새롭기만 합니다. 그래서 누구를, 또 어떤 문제를 만나게 될지 기대도 되지만 한편으로 불안하기도 합니다.

그렇다면 하나님이 요단강을 건너는 기적에 앞서 '너희가 이전에 한 번도 지나 보지 않은 길을 걷게 될 것'이라고 새삼스레 말씀하신 이유는 무엇일까요? '앞으로의 인생길에 누군가의 도움이 필요하다'는 뜻입니다. '너 혼자는 이 길을 걸어갈 수 없다'는 뜻입니다. 광야의 40년 길을 불 기둥과 구름 기둥으로 인도하셨듯이, 요단을 건너 가나안에 들어가는 이 길에도 하나님과의 동행이 필요하다는 것입니다. 성령의 인도를 따라 살아야 한다는 것입니다.

하나님의 당부

하나님은 요단강을 건너는 기적을 행하기 전에 이스라엘 백성들에게 몇 가지 당부를 하셨습니다.

첫째, 최선을 다하라.

"또 여호수아가 아침에 일찍이 일어나서"(1절a)

여호수아만이 아니라 모든 이스라엘 자손들이 '아침 일찍 일어나' 싯딤에서 떠나 요단을 건널 수 있는 곳으로 이동했습니다. 여리고성을 무너뜨릴 때에도 마찬가지였습니다. 여호수아가 아침 일찍 일어났고 제사장들이 언약궤를 메고 나아갔습니다(수 6:12).

가나안 정복은 하나님이 이미 5백 년 전에 아브라함에게 약속하신 말씀입니다(창 15:18-21). 그 약속은 수세기 동안 족장들에 의해 확인되고 반복되었습니다. 하나님은 여호수아에게 이 백성을 이끌고 들어가 가나안을 정복하라고 명령하면서 "너희 발바닥으로 밟는 곳은 모두 내가 너희에게 주었노니"(수 1:3b)라고 분명히 약속하셨습니다.

그렇습니다. 하나님은 그 땅에 대해 분명하게 약속하셨습니다. 하지만 주께서 약속하신 땅을 내 것으로 만들기 위해서는 아침 일찍 일어나야 합니다. 최선을 다해야 합니다. 하나님의 사람은 '하나님이 약속하셨으니까 때가 되면 어련히 이루어지겠지' 하면서 막연히 기다려서는 안 됩니다. 도리어 남들이 잠들어 있는 그 새벽에도 무릎 꿇어 기도하며, 주어진 일에 최선을 다해야 합니다. 바로 그런 자가 기적을 경험할 수 있습니다. 자꾸 누구 때문이라며 핑계를 대거나 환경을 탓하는 게으른 사람은 기적을 경험할 수 없습니다. 결코 하나님이 행하신 일을 기대할 수 없습니다.

둘째, 스스로 성결하게 하라.

"여호수아가 또 백성에게 이르되 너희는 자신을 성결하게 하라 여호와께서 내일 너희 가운데에 기이한 일들을 행하시리라"(5절)

기적은 거룩한 하나님이 행하십니다. 하나님의 사람은 거룩한 하나님이 자유롭게 역사하실 수 있도록 자신을 성결하게 해야 합니다. 어떻게 보면 성결과 기적은 아무런 연관이 없는 것처럼 보이기도 합니다.

하지만 결코 그렇지 않습니다. 이스라엘 백성들이 아이성 전투에서 패한 이유가 무엇입니까? 아간의 범죄 때문입니다. 하나님은 아간의 범죄로 인해 아이성 전투에서 패했을 때 이렇게 말씀하셨습니다.

"너는 일어나서 백성을 거룩하게 하여 이르기를 너희는 내일을 위하여 스스로 거룩하게 하라"(수 7:13)

기도 응답에만 관심을 가지고 거룩에는 별 관심을 두지 않는 것이 오늘 믿음으로 살아간다는 우리의 자화상은 아닙니까? 거룩하신 하나님의 도구로 쓰임을 받으려면 거룩해야 합니다. 하나님 자신이 거룩하신 분이기 때문입니다.

하나님의 사람인 우리에게는 기적이 먼저가 아닙니다. 성결이 먼저입니다. 아무리 인생의 문제가 절박하다 하더라도, 성결이 먼저입니다. 거룩이 먼저입니다. 스스로의 성결과 거룩을 돌아보지 않고 기도 응답만 기다리는 사람에게는 아무 일도 일어나지 않습니다.

셋째, 하나님께 집중하라.

제사장들은 언약궤를 메고 백성들 앞에서 나아갑니다. 그리고 백성들은 그 언약궤를 바라보면서 뒤따라갑니다.

언약궤는 하나님의 임재를 상징합니다. 구약 시대에 보이지 않는 영인 하나님이 지금 우리와 함께하신다는 것을 가시적으로 나타낸 것이 바로 언약궤입니다. 때문에 이스라엘 백성들은 언약궤를 보면서 '하나님이 우리와 함께하신다'고 믿었습니다.

언약궤와 백성들 사이의 거리는 2천 규빗, 약 9백 미터로, 이는 멀리 있는 사람들도 언약궤를 충분히 바라볼 수 있도록 하기 위한 거리입니다. 중요한 것은 하나님의 임재를 상징하는 언약궤를 한눈팔지 말고 바라보아야 한다는 것입니다. 이는 영적 원리의 핵심 가치를 알려 줍니다.

기적을 경험하려면 문제를 바라보지 말고 하나님께 집중해야 합니다. 내 인생에 휘몰아치는 거친 파도를 바라보며 두려워할 것이 아니라, 그 파도를 다스리고 잠잠케 하시는 하나님을 바라보아야 합니다. 창조와 구원의 역사를 이루고 다스리시는 하나님에게 마음과 시선을 맞출 때, 우리는 회복하고 다시 일어날 수 있습니다.

넷째, 여호와의 말씀을 들으라.

"여호수아가 이스라엘 자손에게 이르되 이리 와서 너희의 하나님 여호와의 말씀을 들으라 하고"(9절)

하나님은 요단강을 건너는 기적에 앞서 이스라엘 백성들에게 "너희의 하나님 여호와의 말씀을 들으라"고 말씀하십니다. 이어 하나님의 살아 계심과 온 땅의 주 되심을 말씀하십니다. 어떤 이유에서였을까요? 믿음이 있어야 순종할 수 있기 때문입니다. 믿음은 모태 신앙이라고 해서 저절로 생기는 것이 아닙니다. 교회 안에서 직분을 가지고 섬긴다고 깊어지는 것도 아닙니다. 믿음은 오직 하나님의 말씀을 들을 때 생깁니다. 사도 바울은 "믿음은 들음에서 나며 들음은 그리스도의 말씀으로 말미암았느니라"(롬

10:17)라고 했습니다.

말씀을 가까이할 때 우리 믿음이 자랍니다. 믿음이 자랄 때 순종할 수 있고, 그 순종을 통해 하나님이 행하시는 기적으로 말미암은 기념비가 세워질 수 있습니다.

기적에 담긴 메시지

하나님은 요단강을 건너는 기적을 행하시기 전에 그 이유와 목적을 말씀하셨습니다.

> "내가 모세와 함께 있었던 것 같이 너와 함께 있는 것을 그들이 알게 하리라"(7절b)

기적을 행하시는 이유는 '내가 너와 함께 있다'는 것을 백성들에게 알려 주시기 위함입니다. 하나님은 홍해를 건너는 기적을 통해 그분 자신이 모세와 함께하신다는 것을 이스라엘 백성들에게 알리셨습니다. 마찬가지로 요단강을 건너는 기적을 통해 모세의 후계자인 여호수아와도 함께하신다는 사실을 이스라엘 백성들이 알기 원하셨습니다. 여호수아가 지도자로서 영적 권위를 갖게 하신 것입니다. 지도자의 영적 권위는 스펙이 아닙니다. 박사

학위가 아닙니다. 하나님이 함께하시는 것입니다.

하나님은 오늘도 '하나님이 우리와 함께하신다'는 사실을 드러내길 원하십니다. 애굽의 종으로 팔려간 요셉을 보십시오. 그의 주인이 여호와께서 그와 함께하심을 보았습니다. 감옥에 들어갔을 때에는 간수가, 나중에는 애굽의 왕 바로가 하나님이 요셉과 함께하심을 보았습니다. 다니엘을 보십시오. 사자굴 속에 던져졌지만 하나님이 보호하셨습니다. 그 일을 통해 다리오 왕은 다니엘과 함께하시는 하나님을 보았습니다.

하나님이 요단강을 건너는 기적을 행하신 이유가 무엇입니까? 하나님이 함께하신다는 것을 백성들에게 알리시기 위해서입니다. 하나님은 여러분의 인생 가운데 놀라운 일들을 행하기 원하십니다. 그래서 하나님이 나와 함께하심을, 내 삶의 주인 되심을 나타내기를 원하십니다.

순종이 기적을 만든다

이스라엘 백성들이 요단을 건너는 기적을 경험할 수 있었던 이유는 무엇입니까?

제사장들의 순종이 있었기 때문입니다. 언약궤를 멘 제사장들이 백성 앞에서 나아갑니다. 그리고 여호수아의 명령에 따라 요단강에 들어갑니다. 결코 쉬운 일은 아니었습니다. 당시는 곡식 거두는 시기로 물이 가장 창일하여 언덕에까지 차올라 넘실거리고 있었기 때문입니다.

"요단이 곡식 거두는 시기에는 항상 언덕에 넘치더라"(15절a)

학자들에 따르면 당시 요단강은 수심이 3-4미터, 강폭 또한 30미터 정도였으며, 유속도 굉장히 빨랐다고 합니다. 그러니 수영은 아예 불가능하고 뗏목으로도 도저히 건널 수 없었을 것입니다. 제사장들은 그런 요단강 안으로 언약궤를 메고 들어갔습니다. 넘실대는 그 요단강에 자신의 발을 들여 놓았습니다. 바로 그때 기적이 일어났습니다.

"궤를 멘 자들이 요단에 이르며 궤를 멘 제사장들의 발이 물 가에 잠기자 곧 위에서부터 흘러내리던 물이 그쳐서 사르단에 가까운 매우 멀리 있는 아담 성읍 변두리에 일어나 한 곳에 쌓이고 아라바의 바다 염해로 향하여 흘러가는 물은 온전히 끊어지매 백성이 여리고 앞으로 바로 건널새"(15b-16절)

언제 기적이 일어났습니까? 언약궤를 멘 제사장들의 발이 물

가에 잠길 때입니다. 그때 강물이 그치기 시작했습니다. 갑자기 흘러내리던 물이 끊어지고 아담 성읍 변두리에 쌓이기 시작했습니다. 흐르던 물이 역류한 것입니다.

홍해가 갈라졌던 때를 기억하십니까? 그때는 바다가 갈라져 벽이 되고 그 사이가 길이 되었습니다. 반면 요단강은 물이 아담 성읍 변두리에 쌓이기 시작해 염해로 흘러 들어가던 물이 끊어졌습니다. 그래서 이스라엘 백성들은 마른 땅을 건너듯 요단강을 건널 수 있었습니다. 기적은 순종을 통해 일어납니다. 제사장들의 순종이 있었기에 놀라운 기적이 일어난 것입니다.

기적을 일으키는 사람이 있고, 기적을 경험하는 사람이 있습니다. 우리 모두 기적을 경험하는 신앙에만 그치지 않고, 기적을 일으키는 교회와 성도들이 되어야 합니다. 말씀 앞에서의 철저한 순종을 통해 하나님의 역사에 참여하십시오. 기적은 거기에서 시작됩니다.

헌신이 기적을 만든다

이스라엘 백성들이 요단을 건너는 기적은 순종과 더불어 제사장들의 헌신이 있었기에 가능했습니다.

"여호와의 언약궤를 멘 제사장들은 요단 가운데 마른 땅에 굳게 섰고 그 모든 백성이 요단을 건너기를 마칠 때까지 모든 이스라엘 은 그 마른 땅으로 건너갔더라"(17절)

제사장들은 언약궤를 메고 요단강 한가운데 굳게 서 있었습니 다. 그리고 모든 백성이 건너기를 마칠 때까지 그 자리에 서 있었 습니다. 위에서부터 흐르던 물이 멈추고, 2백만 명이 넘는 사람 들과 가축들까지 건너려면 상당히 많은 시간이 걸렸을 것입니다. 학자들에 따르면, 지파별로 행군하여 요단강을 건너는 데는 아무 리 빨리 잡아도 반나절은 걸렸을 것이라고 합니다.

제사장들은 언약궤를 메고 점점 쌓여만 가는 흉흉한 물결을 보 면서도 조금의 흔들림도 없이 자리를 굳건히 지키고 서 있었습니 다. 결코 쉬운 일이 아닙니다. 만일 둑처럼 쌓여 가던 강물이 다시 흐르게 된다면 꼼짝없이 죽을 수도 있었습니다. 하지만 그들은 마지막 사람이 건널 때까지 흔들리지 않고 요단강 가운데 서 있 었습니다. 이런 제사장들의 헌신이 있었기에 이스라엘 백성들은 요단을 건너 가나안에 들어갈 수 있었습니다.

우리 교회에도 이렇게 헌신하는 분이 정말 많습니다. 때로는 핍박과 모함을 받아가면서, 때로는 물질의 손해를 감수하면서까 지 오랜 시간 동안 다니엘기도회 간사로, 주차 위원으로, 교사로,

소그룹 리더로 섬기는 분이 많습니다. 하나님은 그들의 묵묵한 헌신을 통해 크고 작은 기적들을 이루셨습니다. 그 귀한 헌신들이 있었기에 오늘의 오류교회가 있는 것입니다.

하나님은 전능하신 분입니다. 하지만 사람을 통해 일하시기 때문에 사람의 순종이 필요합니다. 헌신이 필요합니다. 기적은 그냥 오지 않습니다. 여러분의 순종과 헌신을 통해 하나님이 행하신 놀라운 기적의 기념비가 가정과 교회 그리고 일터에 세워지기를 주님의 이름으로 축원합니다.

여호수아 4장 1-9절

1 그 모든 백성이 요단을 건너가기를 마치매 여호와께서 여호수아에게 말씀하여 이르시되

2 백성의 각 지파에 한 사람씩 열두 사람을 택하고

3 그들에게 명령하여 이르기를 요단 가운데 제사장들의 발이 굳게 선 그 곳에서 돌 열둘을 택하여 그것을 가져다가 오늘밤 너희가 유숙할 그 곳에 두게 하라 하시니라

4 여호수아가 이스라엘 자손 중에서 각 지파에 한 사람씩 준비한 그 열두 사람을 불러

5 그들에게 이르되 요단 가운데로 들어가 너희 하나님 여호와의 궤 앞으로 가서 이스라엘 자손들의 지파 수대로 각기 돌 한 개씩 가져다가 어깨에 메라

6 이것이 너희 중에 표징이 되리라 후일에 너희의 자손들이 물어 이르되 이 돌들은 무슨 뜻이냐 하거든

7 그들에게 이르기를 요단 물이 여호와의 언약궤 앞에서 끊어졌나니 곧 언약궤가 요단을 건널 때에 요단 물이 끊어졌으므로 이 돌들이 이스라엘 자손에게 영원히 기념이 되리라 하라 하니라

8 이스라엘 자손들이 여호수아가 명령한 대로 행하되 여호와께서 여호수아에게 이르신 대로 이스라엘 자손들의 지파의 수를 따라 요단 가운데에서 돌 열둘을 택하여 자기들이 유숙할 곳으로 가져다가 거기에 두었더라

9 여호수아가 또 요단 가운데 곧 언약궤를 멘 제사장들의 발이 선 곳에 돌 열둘을 세웠더니 오늘까지 거기에 있더라

09

여호와의 흔적을
기념하라

가끔 순종의 가치를 그저 수동적인 행동으로 가볍게 보는 이들이 있습니다. 반대로 하나님의 뜻을 이루기 위해서는 '강력한 카리스마를 앞세워 이끌어야 한다'는 환상에 사로잡힌 세대도 있습니다. 그러나 순종은 하나님의 일을 이루는 가장 강력한 믿음의 증거입니다. 말씀에 대한 순종 없이는 성령의 역사 또한 없습니다. 예수님이야말로 순종의 결정체셨습니다. 하나님의 뜻에 순종하기 위해 이 땅에 오셨고, 그 순종을 통해 인류 구원의 거룩한 역사를 이루셨습니다. 하나님에 대한 순종으로 한 알의 밀알이 땅에 떨어져 많은 열매를 맺었습니다.

이스라엘 백성들이 요단강을 건널 때 보인 제사장들의 헌신도 마찬가지입니다. 언약궤를 메고서도 흔들리지 않았던 그들의 모습은 하나님 말씀에 대한 신뢰와 순종이 있었기에 가능했습니다. 그 결과 이스라엘 백성들은 기적처럼 요단강을 건널 수 있었습니다. 말씀에 대한 순종, 즉 순전한 믿음이 기적을 만들어 낸 것입니다. 요단강을 건넌 이후 길갈에 세워진 기념비 또한 그렇습니다.

마침내 가나안 땅에 들어서다

마침내 이스라엘 백성들이 요단강을 건너 약속의 땅 가나안에 들어왔습니다. 역사적인 이 사건은 어느 날 어쩌다 이루어진 일이 아닙니다. 하나님은 이미 5백 년 전에 이 모든 일이 일어날 것을 구체적으로 약속하셨습니다.

> "여호와께서 아브람에게 이르시되 너는 반드시 알라 네 자손이 이방에서 객이 되어 그들을 섬기겠고 그들은 사백 년 동안 네 자손을 괴롭히리니 그들이 섬기는 나라를 내가 징벌할지며 그 후에 네 자손이 큰 재물을 이끌고 나오리라 … 네 자손은 사대 만에 이 땅으로 돌아오리니"(창 15:13-16a)

약속의 말씀대로 아브라함의 후손인 이스라엘 백성들은 이방

땅 애굽에서 430년 동안 종살이를 했습니다. 하나님은 이스라엘 자손을 괴롭힌 애굽을 열 가지 재앙으로 징벌하셨습니다. 이후 이스라엘 백성들은 4대 만에 큰 재물을 가지고 애굽에서 나와 아브라함이 살던 가나안 땅으로 돌아오게 되었습니다. 하나님이 5백 년 전 아브라함에게 하신 약속이 성취된 것입니다.

약속을 지키시는 하나님

사람들은 자신의 상황에 따라 말을 바꿀 때가 있습니다. 또한 약속을 하고서도 시간이 지나면 자연스레 잊어버리고, 결국 지키지 못하는 경우도 잦습니다. 그러나 하나님은 수세기가 흘러도 약속의 말씀을 잊지 않으십니다. 아브라함에게 하신 약속 역시 역사 속에서 지키셨습니다. 우리 하나님은 약속을 지키는 신실하신 분입니다.

이사야 선지자는 하나님이 노아에게 주신 약속을 상기하면서 말합니다.

"산들이 떠나며 언덕들은 옮겨질지라도 … 나의 화평의 언약은 흔들리지 아니하리라"(사 54:10a)

"산들"과 "언덕들"은 이 세상에서 가장 견고하고 변하지 않는 것들을 상징합니다. 아무리 세상이 요동하고 흔들려도 하나님의 약속은 변함없이 이루어집니다. 하나님은 그 약속한 바를 반드시 지키는 신실하신 분이기 때문입니다. 모세는 하나님의 신실하심에 대해 이렇게 말했습니다.

"하나님은 사람이 아니시니 거짓말을 하지 않으시고 인생이 아니시니 후회가 없으시도다 어찌 그 말씀하신 바를 행하지 않으시며 하신 말씀을 실행하지 않으시랴"(민 23:19)

하나님은 인생이 아니기 때문에 말씀하신 바를 반드시 행하십니다. 창세기 15장에 여호와의 말씀이 환상 중에 아브람에게 임하는 장면이 나옵니다. 하나님은 그의 믿음을 의로 여기고 아브람과 그 후손과 언약을 맺으며 복을 주겠다고 약속하셨습니다. 지금 그 말씀대로 이스라엘 백성들이 출애굽하여 광야를 지나 약속의 땅 가나안에 마침내 들어오게 된 것입니다.

지금, 내 삶의 자리에 기념비를 세우라

이스라엘 백성들이 요단 건너기를 마치자 하나님은 여호수아에게 기념비를 세우라고 말씀하십니다.

"백성의 각 지파에 한 사람씩 열두 사람을 택하고 그들에게 명령
하여 이르기를 요단 가운데 제사장들의 발이 굳게 선 그 곳에서
돌 열둘을 택하여 그것을 가져다가 오늘밤 너희가 유숙할 그 곳에
두게 하라 하시니라"(2-3절)

하나님의 명령대로 먼저 열두 지파에서 한 사람씩 선발했습니
다. 그리고 각 지파를 대표해 뽑힌 열두 사람은 요단강 가운데로
들어가 제사장들이 메고 있는 언약궤 앞에서 각 지파의 수대로
돌 한 개씩을 어깨에 메고 나왔습니다. 어깨에 메고 나올 정도면
제법 큰 돌이었을 것으로 추정됩니다.

기념비는 어디에 세워졌습니까? 자기들이 유숙할 곳입니다.

"요단 가운데에서 돌 열둘을 택하여 자기들이 유숙할 곳으로 가져
다가 거기에 두었더라"(8절b)

요단강을 건너 가나안에 들어온 이스라엘 백성들이 유숙했던
곳은 요단 건너 여리고 동쪽의 길갈입니다.

"첫째 달 십일에 백성이 요단에서 올라와 여리고 동쪽 경계 길갈에 진 치매 여호수아가 요단에서 가져온 그 열두 돌을 길갈에 세우고" (19-20절)

이스라엘 백성들은 길갈에 진을 치고 요단에서 가져온 열두 돌을 기념비로 세웠습니다. 하나님은 기념비를 왜 유숙할 곳에 세우라고 하셨을까요? 유숙할 곳은 사람들이 오가며 자주 볼 수 있는 곳이기 때문입니다. 선악과와 생명과가 아담과 하와가 언제나 볼 수 있도록 에덴동산의 중앙에 있었던 것처럼, 기념비 역시 사람들이 쉽게 잘 볼 수 있는 곳에 세우라고 말씀하셨습니다. 기념비를 보면서 하나님이 행하신 일을 항상 잊지 않고 기억하도록 하기 위함이었습니다.

하나님은 언제 기념비를 세우라고 하셨습니까?

"돌 열둘을 택하여 그것을 가져다가 오늘밤 너희가 유숙할 그 곳에 두게 하라 하시니라" (3절b)

요단강을 건넌 바로 그날입니다. 하나님이 "오늘밤"에 기념비를 세우라고 말씀하신 이유는 시간이 지나면 잊히기 때문입니다. 이스라엘 백성은 홍해를 건넜을 때, 하늘에서 만나와 메추라기가 내려오자 춤을 추면서 기뻐했습니다. 그런데 채 사흘도 되지 않아 마라에서 목이 마르자 언제 그랬냐는 듯 하나님을 원망하며 불평했습니다.

사람은 조금만 지나면 잊어버립니다. 서운한 것, 상처받은 것은 쉽게 잊지 않습니다. 하지만 은혜는 너무나 쉽게 잊습니다. 감사할 일이 있으면 나중으로 미루지 마십시오. 지금 감사하십시오. 지금 사랑을 표현하십시오. 헌신도 마찬가지입니다. 나중으로 미루지 말고 지금 헌신해야 합니다. 내일은 나의 시간이 아닙니다. 시간이 지나면 모든 것이 잊히기 마련입니다.

사실 요단강을 건너 가나안에 들어가는 이스라엘 백성들의 입장에서는 기념비를 세우는 일보다 먼저 해야 할 일이 많았을 것입니다. 당장 가족이 머무를 천막도 쳐야 하고, 가축과 가재도구들을 챙기느라 한창 분주했을 것입니다. 그러나 하나님은 이런 상황 속에서도 기념비를 가장 먼저 세우라고 말씀하십니다. 아무리 당장 먹고 사는 일이 바빠도, 하나님의 은혜를 잊지 않고 기억하는 것이 더 중요하기 때문입니다.

기념비를 세워 하나님의 은혜를 기억하라

하나님이 기념비를 세우라고 하신 데에는 이유가 있습니다.

하나님의 은혜를 잊지 않도록 하기 위해서입니다.

여호수아는 오랜 시간이 흘러 너희의 자손들이 이 돌들에 무슨 의미가 있는지 묻거든 이렇게 말하라고 합니다.

"그들에게 이르기를 요단 물이 여호와의 언약궤 앞에서 끊어졌나니 곧 언약궤가 요단을 건널 때에 요단 물이 끊어졌으므로 이 돌들이 이스라엘 자손에게 영원히 기념이 되리라 하라 하니라"(7절)

이어서 또다시 "후일에 너희의 자손들이 그들의 아버지에게 묻기를 이 돌들은 무슨 뜻이니이까 하거든"(21절) 이렇게 알게 하라고 합니다.

"이스라엘이 마른 땅을 밟고 이 요단을 건넜음이라 너희의 하나님 여호와께서 요단 물을 너희 앞에서 마르게 하사 너희를 건너게 하신 것이 … 홍해를 말리시고 우리를 건너게 하심과 같았나니"(22b-23절)

하나님이 길갈에 기념비를 세우신 것은 하나님이 흐르는 요단의 강을 마르게 해서 이스라엘 백성이 건너게 하셨다는 사실을 잊지 않고 기억하도록 하기 위해서입니다. 즉 하나님이 베푸신 은혜를 잊지 않도록 하기 위해서입니다.

"원수는 물에 새기고 은혜는 가슴에 새기라"는 말이 있습니다. 그런데 우리는 하나님의 은혜를 너무나 쉽게 잊어버립니다. 내게 행하신 주님의 자비와 긍휼을 금세 망각합니다. 다른 것은 몰라도 나를 구원하신 하나님의 은혜와 사랑만큼은 잊지 말아야 합니다. 그래서 훗날 내 자녀들도 하나님이 내게 베풀어 주신 그 놀라운 은혜들을 함께 볼 수 있도록 은혜의 기념비를 세워야 합니다.

가만히 여러분이 받은 은혜를 생각해 보십시오. 얼마나 크던가요? 세상이 주는 만족과 감히 비교할 수 없지 않습니까? 조건 없이 부어 주시는 은혜에 감격하며 눈물 흘린 적이 얼마나 많았습니까? 하지만 우리는 그 큰 은혜들을 나 홀로 간직하고 나 홀로 감사하다 끝내 버리고 맙니다. 그래서는 안 됩니다. 하나님이 내 인생에, 우리 가정에 베풀어 주신 그 놀라운 은혜를 자녀들에게 알려야 합니다. 자손 대대로 은혜가 흘러가도록 해야 합니다.

부모는 자식에게 말해 줄 은혜의 이야깃거리가 있어야 합니다. 과거에 고생한 것만 실컷 이야기하는 부모들이 있습니다. 물론 그것도 감동이 될 수 있습니다. 하지만 하나님은 그분이 행하신 일, 친히 베풀어 주신 그 은혜들을 전하기 원하십니다. 그래서 후일에 사랑하는 자녀들과 함께 하나님이 행하신 일들에 대해 기억하기를 원하십니다. 신앙은 끊임없이 은혜의 기억을 되살리는 것입니다.

기념비를 세워 여호와를 경외하라

하나님이 기념비를 세우라고 하신 또 하나의 이유는 여호와를
경외하도록 하기 위해서입니다.

"이는 땅의 모든 백성에게 여호와의 손이 강하신 것을 알게 하며
너희가 너희의 하나님 여호와를 항상 경외하게 하려 하심이라 하
라"(24절)

하나님이 길갈에 기념비를 세우게 하신 것은 여호와의 손이 강
하신 것을 알게 하고, 여호와를 경외하도록 하기 위해서입니다.
하나님은 그분이 행하신 그 놀라운 일들이 단순히 과거에만 존재
하는 것으로 끝나기를 원치 않으십니다. 온 세대에 하나님이 행
하신 일들이 알려지고 그래서 모든 사람이 하나님을 경외하기를
원하십니다. 길갈에 기념비를 세우도록 하신 이유는 바로 이것입
니다.

하나님의 사람들은 하나님의 전능하심을 경험할 때, 하나님의
강하신 손을 경험할 때 하나님을 경외합니다. 사사기를 보십시

오. 하나님이 행하신 모든 큰일을 본 자들은 자신이 사는 날 동안 여호와를 섬겼습니다. 하지만 하나님이 행하신 일을 보지 못한 세대는 여호와를 알지 못하는 다른 세대가 되었습니다. '다음 세대'가 '다른 세대'가 된 것입니다.

"백성이 여호수아가 사는 날 동안과 여호수아 뒤에 생존한 장로들 곧 여호와께서 이스라엘을 위하여 행하신 모든 큰 일을 본 자들이 사는 날 동안에 여호와를 섬겼더라"(삿 2:7)

"그 세대의 사람도 다 그 조상들에게로 돌아갔고 그 후에 일어난 다른 세대는 여호와를 알지 못하며 여호와께서 이스라엘을 위하여 행하신 일도 알지 못하였더라"(삿 2:10)

안타깝게도 여호수아와 그 시대의 지도자들은 여호와를 경외하는 다음 세대를 만들지 못하고 세상을 떠났습니다. 그 결과 그들의 후손은 하나님의 사람이라는 정체성 즉, '우리는 하나님의 선민이고, 언약 백성이며, 언약에 속한 자'라는 정체성을 모두 잃어버리고, 하나님을 알지 못하는 다른 세대가 되고 말았습니다. 그리고 결국 하나님 대신 그 지역 우상들을 숭배하면서 멸망의 길로 나아갔습니다.

오늘 우리의 다음 세대가 다른 세대가 되어 버린 것은 전적으로 부모 세대의 책임입니다. 부모 세대가 자녀들에게 여호와의 강한 손을, 살아 역사하시는 하나님의 은총을 생생하게 경험시켜 주지 못했기 때문입니다. 우리 자녀들이 하나님의 크신 역사를 경험하도록 해 주어야 합니다. 그래서 하나님을 경외하는 믿음의 후손들이 되도록 해야 합니다. 이것이야말로 가장 가치 있고 든든한 유산입니다.

오륜교회가 많은 역량을 집중해 다음 세대에 헌신하는 이유는 그것이 하나님이 우리에게 주신 거룩한 비전이기 때문입니다. 거듭 강조합니다. 다음 세대가 다른 세대가 되어서는 안 됩니다. 그러기 위해서는 우리 가정에 하나님이 행하신 일로 인한 기념비가 반드시 있어야 합니다.

역설적으로 우리 삶에 일어난 문제나 고난, 인생의 상처는 하나님의 강한 역사를 볼 수 있는 기회이기도 합니다. 그러므로 고난과 역경이 단지 어려움 자체로 끝나지 않고, 도리어 그것이 은혜의 기념비가 세워지는 기회가 되도록 해야 합니다. 평탄하게 살아온 인생에는 내세울 만한 인생의 기념비가 없습니다. 고난을 겪고, 풍랑에 직면하고, 홍해를 만나고, 요단강을 마주해야 그 상황 속에서 일하신 하나님의 기념비가 세워지지 않겠습니까? 왜 내게만 고난이 오냐고 불평하는 대신, 이를 통해 놀라운 하나님의 은혜가 이루어지기를 기도합시다.

기념비를 세워 영적으로 무장하라

하나님이 기념비를 세우게 하신 마지막 이유는, 영적 무장과 재충전을 위해서입니다.

하나님은 이스라엘 백성에게 수많은 기적을 행하셨습니다. 애굽에서는 열 가지 재앙을 내리셨습니다. 홍해를 건너게 하셨고, 40년 광야에서는 만나와 메추라기를 내려 먹이셨으며, 반석에서 물을 내어 마시게 하셨습니다. 뿐만 아니라 아말렉을 물리치게도 하셨습니다. 이렇게 수많은 기적을 행하셨지만, 하나님은 단 한 번도 그것에 대해 기념비를 세우라고 말씀하지 않으셨습니다. 단지 기억하라고만 하셨습니다.

사실 홍해의 기적은 요단강의 기적과는 그 규모나 상황이 비교가 되지 않을 정도로 컸습니다. 그럼에도 불구하고 하나님은 홍해의 기적 이후에 어떤 기념비도 세우라고 말씀하지 않으셨습니다. 애굽과 광야 때도 마찬가지입니다. 이유가 무엇일까요? 그곳들은 이스라엘 백성이 영원히 머물며 살아갈 땅이 아니기 때문입니다. 그래서 그곳에 기념비를 세우라 하지 않고 단지 그 일을 기억하라고만 하셨던 것입니다.

하나님은 요단강을 건너 약속의 땅 가나안에 들어왔을 때에야 비로소 "길갈에 기념비를 세우라"고 말씀하셨습니다. 길갈은 이스라엘 백성과 그 후손이 영원히 머물러 살 수 있는 약속의 땅입니다. 뿐만 아니라 길갈은 가나안 원주민을 몰아내는 영적 전쟁을 치르는 데 있어서 몹시 중요한 교두보였습니다. 이스라엘 백성은 가나안 원주민을 몰아내는 영적 전쟁을 해야 했습니다. 때문에 하나님은 그들의 영적 재충전과 재무장을 위해 길갈에 기념비를 세우도록 하신 것입니다.

대부분의 기념비는 보통 전쟁에서 승리하고 난 다음에 세워집니다. 그런데 하나님은 아직 전쟁을 시작하지도 않은 상황에서 기념비를 세우라고 하셨습니다. 가나안 원주민을 몰아내는 영적 전쟁에 있어 이 기념비가 영적 무장과 영적 충전을 가져다 줄 수 있기 때문입니다. 그래서 하나님은 가나안 원주민을 몰아내는 전쟁을 할 때 승리한 지역에 머무르지 말고 다시 길갈의 진영으로 돌아오도록 하셨습니다.

"여호수아가 또 가데스 바네아에서 가사까지와 온 고센 땅을 기브온에 이르기까지 쳐매 이스라엘의 하나님 여호와께서 이스라엘을 위하여 싸우셨으므로 여호수아가 이 모든 왕들과 그들의 땅을 단번에 빼앗으니라 여호수아가 온 이스라엘과 더불어 길갈 진영으

로 돌아왔더니"(수 10:41-43)

전쟁에서 승리하면 승리한 그 지역에 머물러야 합니다. 다시 그 땅을 빼앗기지 않고 전진하기 위해서입니다. 하지만 여호수아와 이스라엘 백성들은 전쟁에서 승리한 다음 다시 길갈로 돌아왔습니다.

길갈에 영적 충전과 영적 재무장을 할 수 있는 기념비가 있었기 때문입니다. 그들은 길갈로 돌아와 기념비를 보면서 약속대로 이 땅 가운데 들어오게 하신 신실하신 하나님을 생각했습니다. 홍해를 가르고 요단을 건너게 하신 전능하신 하나님이 우리와 함께하신다면 우리는 앞으로의 전쟁에서도 반드시 승리할 수 있다고 확신했습니다. '오늘을 승리로 이끄신 하나님이 우리와 함께하신다면 내일의 전쟁에서도 승리할 수 있어!'라는 확신을 갖게 되었던 것입니다. 이렇게 기념비를 보면서 하나님의 은혜를 묵상하고 하나님이 주신 약속의 말씀을 붙들었습니다. 이것이 바로 영적 충전이고 영적 재무장입니다.

하나님의 사람은 언제 강해집니까? 하나님의 은혜를 깨달을 때, 하나님의 은혜에 감동될 때입니다. 누가 강한 자입니까? 하나님의 은혜를 아는 자입니다. 그래서 바울은 디모데에게 "내 아들아 그러므로 너는 그리스도 예수 안에 있는 은혜 가운데서 강하고"(딤후 2:1)라고 말했습니다. 우리에게 권능을 부어 주시는 분은 예수 그리스도입니다. 주님이 값없이 주신 선물, 그 구원의 은혜로 말미암아 우리는 세상을 이길 수 있습니다. 그렇습니다. 영적 강자의 조건은 바로 나를 사랑하시는 하나님이 나와 함께하심을 믿는 것입니다. 은혜는 바로 이런 자의 것입니다.

은혜의 흔적을 남겨라

전능하신 하나님의 은혜를 알면 두렵지 않습니다. 복음의 가치를 드러내는 것이라면 무엇이라도 꿈꾸며, 무엇에라도 헌신할 수 있습니다. 어두운 절망 속에서도 역전을 기대하게 됩니다. 모든 상황에서 주님을 전적으로 신뢰할 수 있습니다. 은혜는 하나님의 역사하심과 신실하심을 선명하게 드러내는 증거입니다.

하나님의 사람은 하나님의 은혜를 깨달을 때 가장 강해집니다. 그러므로 우리 인생에도, 우리 가정에도 이런 은혜의 기념비가 있어야 합니다. 하나님의 전능하심과 신실하심을 기억나게 만드는 기념비가 있어야 합니다. 생각만 해도 하나님의 사랑이 깨달아지고 다시 두 주먹을 불끈 쥐고 도전하게 만드는 은혜의 기념비가 있어야 합니다. 우리에게도 후일에 내 자손들이 물을 수 있는 기념비가 있어야 합니다.

나를 드러내기 위한 기념비가 아닙니다. 하나님이 내 인생 가운데 행하신 일에 대한 기념비입니다. 숨길 수 없고 오히려 자랑해야 할 은혜의 기념비입니다. 그래서 우리의 후손이 그 기념비를 바라보면서 하나님의 위대하심과 신실하심을 찬양할 수 있어야 합니다.

우리가 살아온 삶에는 흔적이 남기 마련입니다. 그렇다면 지금 여러분은 삶에 어떤 흔적을 남기고 있습니까? 다음 세대에 하나님의 하나님 되심을 드러낼 수 있는 인생의 기념비를 세워 가고 있습니까? 모두가 점점 악해져 가는 이 세상에는 도무지 소망이 없다고 말하는 이때, 삶의 목적을 잃고 혼돈의 늪에서 허우적대며 절망하는 이 어두운 시대에, 여러분의 인생이 진리의 횃불을 높이 들어 세상을 밝히기를 기도합니다. 하나님의 말씀을 붙들고 도전하고 씨름하는 여러분의 인생과 가정에 하나님이 행하신 일로 인한 은혜의 기념비가 세워지기를 간절히 소망합니다. 여러분의 인생에 영적 기념비를 세우십시오!

시편 119편 49-50절

49 주의 종에게 하신 말씀을 기억하소서 주께서 내게 소망
   을 가지게 하셨나이다

50 이 말씀은 나의 고난 중의 위로라 주의 말씀이 나를 살
   리셨기 때문이니이다

10

내게 주신
말씀을 기억하라

찰스 브리지스(Charles Bridges)가 쓴 『시편 119』(청교도신앙사, 2016)라는 책에는 시편에 대해 감출 수 없는 사모함을 드러낸 두 사람의 고백이 나옵니다. 먼저 종교 개혁가 마르틴 루터(Martin Luther)는 시편에 대해 이렇게 말했습니다. "온 세상을 준다 해도 이 시편의 작은 한 부분조차 포기하지 않겠다." 유명한 성경 주석가 매튜 헨리(Matthew Henry)의 아버지 필립 헨리(Philip Henry) 역시 자녀들에게 시편에 대한 마음을 뜨겁게 전했습니다. "너희는 매일 아침 시편 119편을 한 구절씩 묵상하거라. 그러면 1년에 그 시편 전체를 두 번 묵상하는 셈이다. 그렇게 하다 보면 성경의 나머지 책들과 사랑에 빠질 것이다."

이렇듯 시편은 하나님의 계시인 동시에 그 말씀을 뜨겁게 받아들이는 심령에게 부어 주시는 역동적인 주님의 은혜를 담고 있습니다. 그중 119편은 성경에서 가장 긴 장으로, 무려 176절로 이루어져 있습니다. 시편 119편에는 두 가지 특징이 있습니다. 하나는 히브리어 알파벳 순서에 따라 8절씩 22등분으로 나뉘어 있다는 것이고, 다른 하나는 하나님의 말씀에 대한 교훈을 담고 있다는 것입니다. 특히 176구절 중 84, 121, 122, 132절을 제외한 모든 구절에 하나님의 말씀과 관련된 '율법', '율례', '규례', '계명', '법', '법도' 같은 단어가 등장합니다.

하나님이 그분의 약속을 기억하신다

시편 119편의 저자는 미상입니다. 다만 학자들은 내용의 경향성을 따라 다윗으로 추측합니다. 시인은 본문에서 주의 종에게 하신 말씀을 기억해 달라고 말합니다.

"주의 종에게 하신 말씀을 기억하소서"(49절a)

하나님은 우리에게 말씀하시는 분입니다. 뿐만 아니라 우리에게 주신 그 말씀을 잊지 않고 기억하시는 분입니다. 그래서 노아

홍수 이후에 무지개 언약을 세운 다음 이렇게 말씀하셨습니다.

"내가 나와 너희와 및 육체를 가진 모든 생물 사이의 내 언약을 기억하리니 다시는 물이 모든 육체를 멸하는 홍수가 되지 아니할지라"(창 9:15)

하나님은 또한 아브라함에게 이렇게 말씀하셨습니다.

"네 자손이 이방에서 객이 되어 그들을 섬기겠고 그들은 사백 년 동안 내 자손을 괴롭히리니 그들이 섬기는 나라를 내가 징벌할지며 그 후에 네 자손이 큰 재물을 이끌고 나오리라"(창 15:13b-14)

하나님은 수백 년이 지났음에도 이 약속을 잊지 않고 기억하셨습니다. 그래서 모세를 애굽 땅에 보내 430년 동안 노예생활을 하던 이스라엘 백성들을 구원해 내셨습니다. 약속하신 대로, 빈손이 아닌 많은 은금과 보물을 취해 애굽에서 나오게 하셨습니다. 그렇다면 궁금해집니다. 하나님은 언제까지 그 말씀을 기억하실까요?

"그는 그의 언약 곧 천 대에 걸쳐 명령하신 말씀을 영원히 기억하

섰으니"(시 105:8)

시편 기자는 '하나님은 천대에 걸쳐 명령하신 말씀을 영원히 기억하시는 분'이라고 말합니다. 이는 숫자적인 의미로서의 천이 아니라 하나님의 무한 수를 말합니다. 하나님의 무한 수는 영원입니다. 즉 하나님은 그분이 말씀하신 바를 영원히 잊지 않고 기억하십니다.

우리는 어떻습니까? 내뱉은 말을 너무 쉽게 잊어버리지는 않습니까? 어제 한 말도 잊어버리고, 심지어 그 말을 했는지조차 모를 때가 있습니다. 물론 상황이나 환경의 변화로 약속을 지키지 못할 때도 있습니다. 그러나 하나님은 우리에게 하신 말씀을 영원히 잊지 않고 기억하십니다.

이는 매우 중요한 사실입니다. 만일 하나님이 우리에게 하신 말씀을 잊어버리시면 죄 사함도 구원도 기도 응답도 보장받을 수 없기 때문입니다. 생각해 보십시오. 하나님이 "그들의 죄와 그들의 불법을 내가 다시 기억하지 아니하리라"(히 10:17)고 말씀하신 것을 잊어버리신다면, 우리가 어떻게 죄로부터 자유를 누리며 사탄의 참소를 물리칠 수 있겠습니까?

시편 기자는 "주의 종에게 하신 말씀을 기억하소서"(49절a)라고 기도했습니다. 이는 단지 종에게 주신 말씀을 잊지 말아 달라는 것이 아닙니다. 기억하신 말씀대로 이루고 행해 달라는 간구입니다. 기억만 하고 있다면 어떤 일도 일어나지 않습니다. 시인은 하나님이 종에게 주신 말씀을 기억하시면 반드시 그 말씀대로 행하실 것을 믿었습니다.

우리 역시 마찬가지입니다. 하나님이 내게 주신 말씀을 기억해 달라고 기도해야 합니다. 특별히 환난을 만나고 핍박을 당하고 인생의 밤을 보낼 때에는, 더더욱 그러해야 합니다. 하나님의 사람에게는 하나님이 주신 말씀이 있어야 합니다.

말씀만이 소망이다

시인은 '하나님이 주의 종에게 주신 말씀을 기억하였더니 주께서 나로 소망을 갖게 하셨다'고 고백합니다.

"주의 종에게 하신 말씀을 기억하소서 주께서 내게 소망을 가지게 하셨나이다" (49절)

인생의 환난 중에 하나님이 주신 그 말씀이 소망을 갖게 했다는 것입니다.

"환난 날에 나를 부르라 내가 너를 건지리니 네가 나를 영화롭게 하리로다"(시 50:15)

우리를 환난에서 건져 주시는 것으로만 끝나지 않습니다. 그 일을 통해 하나님을 영화롭게 하십니다. 실제로 많은 성도가 환난 중에 이 말씀을 붙잡고 기도했고 건지심을 받았습니다. 그리고 그 일로 하나님을 영화롭게 했습니다. 이 말씀이 환난 당한 자들에게 얼마나 큰 소망이 되었는지 모릅니다.

세상을 살아가는 우리에게는 소망이 필요합니다. 소망은 오늘의 고난을 이겨 내고 내일을 향해 달려가게 만드는 힘입니다. 시인은 주께서 종에게 주신 그 말씀이 소망이 되었다고 말합니다. 이처럼 여러분의 인생 가운데도 다른 무엇이 아닌 하나님의 말씀이 소망이 된 적이 있습니까?

많은 하나님의 사람들이 말씀을 소망으로 붙잡고 믿음의 선한 싸움을 싸우며 달려갔습니다. 사도 바울은 주께서 자신을 위해 예비하신 의의 면류관을 소망하며 선한 싸움을 싸웠고, 요셉 역시 자신에게 주어진 길을 소망으로 달려갔습니다. 저도 인생의 마지막 날에 주님께 "은호야, 내가 너를 목사로 부르길 참 잘했다"라는 칭찬 듣기를 꿈꾸며 믿음과 소망으로 달려가고 있습니다. 오늘 여러분이 붙잡고 달려가는 소망의 말씀은 무엇입니까?

하나님이 여러분의 인생에 선포하신 소망의 말씀은 무엇입니까?

하나님의 사람에게는 말씀이 소망입니다. 그 어떤 것도 진정한 소망이 될 수 없습니다. 자녀도, 평생 힘들게 모아 놓은 재산도, '영끌'해서 어렵게 장만한 아파트도, 사람들로부터 얻은 인기와 명성도 마찬가지입니다. 이것들은 언젠가 나를 배신하거나 어느 순간 사라지고 말 것들입니다. 그러나 하나님의 말씀은 영원합니다. 사라지지 않습니다. 배신하지 않습니다. 하나님의 사람인 우리는 영원히 변치 않는 그분의 말씀을 내 인생의 소망으로 붙잡고 살아야 합니다.

"주 예수여 오시옵소서"(계 22:20b)

"내가 세상 끝날까지 너희와 항상 함께 있으리라"(마 28:20b)

"내가 너희를 위하여 거처를 예비하러 가노니 … 나 있는 곳에 너희도 있게 하리라"(요 14:2b-3)

하나님의 말씀이 여러분에게 살아 있는 소망이 된 적이 있습니까? 없다면 오늘 이후로 하나님이 여러분에게 주신 말씀을 소망으로 삼고, 믿음의 선한 싸움을 싸우며 달려갈 수 있기를 바랍니다. 말씀이 곧 소망입니다.

말씀이 나를 위로한다

시인은 하나님이 주신 말씀이 고난 중에 있는 자신에게 위로가 되었다고 고백합니다.

"이 말씀은 나의 고난 중의 위로라 주의 말씀이 나를 살리셨기 때문이니이다"(50절)

이 땅을 살아가는 대부분의 사람은 고난을 겪습니다. 성경에 나오는 인물들도 마찬가지입니다. 믿음의 조상 아브라함, 꿈꾸는 자 요셉, 하나님의 마음에 합한 다윗, 복음을 위해 달려간 사도 바울에게도 고난은 있었습니다.

고난은 누구에게나 고통스럽습니다. 고난 중에 위로가 필요한 이유입니다. 일상의 삶에도 위로가 필요하지만 고난을 당할 때에는 더욱 그렇습니다. 이때는 누군가의 말 한마디가 큰 위로가 되기도 합니다.

남편이 아내로부터 "나는 당신을 믿어. 그리고 최고로 존경해"라는 말을 듣는다면, 아내가 남편으로부터 "당신 정말 예뻐. 내 인생 최고의 선택은 당신을 만난 거야"라는 고백을 듣는다면 서로에게 얼마나 큰 위로가 되겠습니까? 또 자녀가 부모로부터 "실수해도 괜찮아. 나는 널 믿어"라는 말을 듣는다면 얼마나 큰 힘이 되겠습니까?

물론 모든 말이 다 위로가 되는 것은 아닙니다. 욥의 친구들이 그랬던 것처럼, 어떤 말은 오히려 상처가 될 수 있습니다. 욥이 고난을 당하자 세 친구들이 위로하기 위해 찾아왔습니다. 그런데 그들은 "원인이 없는 결과는 없다", "네가 지금 당하는 고난은 네가 지은 죄의 결과이다"라며 도리어 욥을 정죄했습니다. 욥에게 그들의 말은 위로는커녕 더 큰 아픔이고 상처였습니다.

『어떻게 위로할까?』(생명의말씀사, 2015)의 저자 노먼 라이트(Norman Wright)는 "교회 공동체 안에서 부적절한 조언과 위로의 말이 도리어 상처가 되고, 고통을 악화시키는 결과를 낳는다"며 가급적 다음과 같은 말을 하지 말 것을 당부합니다.

"어째서 아직까지 울고 계신지 모르겠군요. 하루 빨리 당신이 정상으로 돌아가면 좋겠어요", "다른 사람은 당신보다 훨씬 더 큰 상실을 겪으셨는데도 곧 기운을 차리셨어요", "그래도 지금 당신이 누리는 것에 감사하지 않은가요?", "그런 감정을 가져서는 안 돼요. 당신에게 주님이 계시잖아요", "아이들을 생각해서라도 당신이 강해져야 해요".

노먼 라이트는 이런 조언은 도움이나 위로가 되지 않는다고 말합니다. 그가 고통 속에서 느끼는 자연스러운 감정과 슬픔을 함부로 빼앗으려 해서는 안 된다는 것입니다. 차라리 눈물을 닦을 수 있도록 휴지를 건네주는 것이 좋습니다. 그 사람의 입장에서 그 사람의 말을 경청해 주며 묵묵히 함께 있어 주는 것이 섣부른 조언보다 훨씬 더 큰 위로가 됩니다.

고난 중에 있는 사람에게는 반드시 위로가 필요합니다. 우리는 어디에서 진정한 위로를 얻을 수 있을까요? 시편 기자는 사람이 아닌 '하나님이 주신 그 말씀이 고난 중에 위로가 되었다'고 고백합니다. 여러분은 신앙생활을 하면서 하나님의 말씀을 통해 위로를 경험한 적이 얼마나 많습니까?

가정에서 치열한 영적 전쟁을 치르고 있는 한 집사님이 있습니다. 얼마 전, 누군가 목을 조르는 것 같은 느낌이 계속 들고, 심적으로도 너무 불안해서 교구 목사에게 긴급 심방을 요청하기도 했습니다. 이분은 고통스러운 증상 중에도 영적 전쟁에 승리하기 위해 "하나님의 아들이 나타나신 것은 마귀의 일을 멸하려 하심이라"(요일 3:8b)라는 말씀을 계속 묵상했습니다. 그런데 최근 잇몸 염증과 목 졸림 현상이 사라지고, 하나님이 주시는 평안을 경험하게 되었습니다. 이 말씀이 영적 전쟁을 치르고 있는 집사님에게 얼마나 큰 능력과 위로가 되었겠습니까?

인생의 밤을 만났을 때

우리 교회 성도 중에 정말 칠흑 같이 어두운 인생의 터널을 지나고 있는 분이 있습니다. 얼마 전, 30년 동안 우울증을 겪었던 사랑하는 아내가 먼저 세상을 떠났습니다. 더욱이 본인은 췌장암 말기 판정을 받고 항암 치료 중에 있습니다. 목사인 저도 기도할 때마다 눈물이 날 만큼 고통 가운데 있는 분입니다. 그럼에도 불구하고 이 집사님은 성경을 통독하고 필사하며 하루하루를 보내고 있습니다. 최근에는 "내 평생에 선하심과 인자하심이 반드시 나를 따르리니 내가 여호와의 집에 영원히 살리로다"(시 23:6)라는 말씀을 소망으로 삼고 하나님이 주시는 평안을 누리고 있습니다.

말씀이 나를 살린다

말씀이 고난 중에 위로가 되는 이유는 무엇입니까?

"이 말씀은 나의 고난 중의 위로라 주의 말씀이 나를 살리셨기 때문이니이다"(50절)

주의 말씀이 나를 살리셨기 때문입니다. 시인은 하나님의 말씀이 고난 중에 있는 나를 살려 냈다고 말합니다. 그렇습니다. 하나님의 말씀은 우리의 영혼을 소성케 합니다.

"여호와의 율법은 완전하여 영혼을 소성시키며"(시 19:7a)

다윗은 하나님의 말씀이 완전하여 내 영혼을 소성시켰다고 고백합니다. 그는 파란만장한 삶을 살았습니다. 살인을 저질렀고 간음도 행했습니다. 심지어 아들에게 배신을 당했습니다. 사망의 음침한 골짜기를 거니는 인생을 살았습니다. 하지만 그는 고백합니다.

"내가 사망의 음침한 골짜기로 다닐지라도 해를 두려워하지 않을 것은 주께서 나와 함께 하심이라"(시 23:4a)

하나님의 말씀은 나를 살립니다. 침체된 나를 다시 일으켜 세웁니다. 어떻게 그것이 가능할까요? 살아 있고 운동력이 있기 때문입니다. 또한 영이요 생명이기 때문입니다.

고난을 당할 때마다 하나님이 내게 주신 말씀을 붙들고 은혜의 보좌 앞으로 나아가십시오. 그 보좌 앞에서 "주여, 주께서 종에게 그렇게 말씀하셨사오니 말씀하신대로 행하시옵소서"라고 약속의 말씀을 반복하여 선포하며 주장하십시오.

두려움이 파도처럼 밀려와 두려움의 포로가 되어 있습니까? 그렇다면 이 말씀을 선포하고 주장하십시오.

"두려워하지 말라 내가 너와 함께 함이라 놀라지 말라 나는 네 하나님이 됨이라 내가 너를 굳세게 하리라 참으로 너를 도와 주리라 참으로 나의 의로운 오른손으로 너를 붙들리라"(사 41:10)

인생이 너무 힘들고 곤하여 엘리야처럼 영적 침체에 빠져 있습니까? 그렇다면 이 말씀을 붙잡고 주님 앞에 나아가십시오.

"피곤한 자에게는 능력을 주시며 무능한 자에게는 힘을 더하시나니"(사 40:29)

사탄의 참소 때문에 잠을 이루지 못하고, 은혜의 보좌 앞에 당당히 나아가지 못하고 있습니까? 이 말씀을 기억하십시오.

"누가 능히 하나님께서 택하신 자들을 고발하리요 의롭다 하신 이는 하나님이시니"(롬 8:33)

거룩하신 하나님은 나를 보고 의롭다고 인치지 않으십니다. 내가 믿는 예수 그리스도, 내 죄를 십자가 위에서 담당하고 죽으심으로 내 모든 죄를 사하신 예수 그리스도를 보고 나를 의롭다 하십니다. 나를 의롭다 하신 이는 내가 아닙니다. 하나님이십니다.

여러분이 지은 죄 때문에 버림받을까 고민하며 죄책감 때문에 잠을 이루지 못하고 있습니까? 이 말씀을 의지하십시오.

"나 곧 나는 나를 위하여 네 허물을 도말하는 자니 네 죄를 기억하지 아니하리라"(사 43:25)

하나님은 그분 자신을 위해 우리 죄를 기억하지 않는다고 말씀하십니다. 그만큼 우리를 사랑하시기 때문입니다. 하나님이 우리를 지으신 이유가 무엇입니까? 사랑의 교제를 나누시기 위해서입니다. 그래서 성경은 예수님과 우리의 관계를 신랑과 신부의 관계로 묘사합니다.

그런데 하나님이 우리의 죄를 잊지 않고 다 기억하신다면 어떻게 그 사랑의 관계를 유지할 수 있겠습니까? 하나님은 죄 없는 천사도 얼굴을 들어 뵙지 못할 만큼 거룩하신 분입니다. 그런 분이 내 죄를 모두 기억하신다고 생각해 보십시오. 어떻게 하나님 앞에 당당하게 나아가 사랑한다고 고백할 수 있겠습니까? 하나님은 우리 죄를 다시 기억하지 않으십니다. 한 번도 죄를 지어 본 경험이 없는 사람처럼 우리를 대하고 만나 주십니다.

이것이 바로 하나님의 전능하심입니다. 말로 형언할 수 없는 하나님의 사랑입니다. 하나님은 우리와 깊은 사랑의 관계를 맺기 위해 우리 죄를 다시 기억하지 않으십니다. 이 사실을 절대로 잊지 마십시오. 그리고 고난 중에 있을 때마다 진리의 말씀을 선포하며 담대하게 나아가십시오.

시인은 하나님이 종에게 주신 말씀이 소망이 되었고, 고난 중에 위로가 되었으며, 마침내 나를 살리셨다고 고백합니다. 우리에게도 하나님이 주신 말씀이 있어야 합니다. 그 말씀을 기억하며 살아야 합니다. 날마다 그 말씀을 붙들고, 은혜의 보좌 앞에 나아가 담대히 선포해야 합니다. 그 말씀이 여러분의 삶에 놀라운 일을 행할 것입니다.

시편 119편 51-56절

51 교만한 자들이 나를 심히 조롱하였어도 나는 주의 법을 떠나지 아니하였나이다

52 여호와여 주의 옛 규례들을 내가 기억하고 스스로 위로하였나이다

53 주의 율법을 버린 악인들로 말미암아 내가 맹렬한 분노에 사로잡혔나이다

54 내가 나그네 된 집에서 주의 율례들이 나의 노래가 되었나이다

55 여호와여 내가 밤에 주의 이름을 기억하고 주의 법을 지켰나이다

56 내 소유는 이것이니 곧 주의 법도들을 지킨 것이니이다

11

어두울 때에
부르짖으라

성도들에게 하나님의 마음을 전할 말씀을 준비하면서 특별히 감사한 게 있습니다. 설교자인 제가 먼저 말씀의 은혜를 충만하게 받는다는 것입니다. 그리고 그 살아 있는 하나님의 은혜를 떨리는 마음으로 선포합니다. 오늘 본문 또한 그렇습니다.

영국의 탁월한 강해 설교가인 크리스토퍼 애쉬(Christopher Ash)는 하나님의 말씀이 소망이고 평화이며, 기쁨이자 노래이고, 자유이며 위안이라고 했습니다. 특히 그가 시편 119편에 대해 설명하는 대목에서는 경탄하지 않을 수 없습니다. 제 마음과 꼭 같기 때문입니다. 그는 자신의 저서 『말씀의 기쁨』(성서유니온선교회, 2020)에서 "시편 119편을 읽고 기도하면 주의 말씀에 대한 기쁨과 즐거움이라는 심장의 고동 소리가 생생하게 느껴진다"고 했습니다. 특히 인생의 밤을 만났을 때는 더욱 그러합니다. 참으로 역설적인 은혜입니다.

나는 주의 법을 떠나지 아니하리라

시편 기자는 이렇게 고백합니다.

"교만한 자들이 나를 심히 조롱하였어도 나는 주의 법을 떠나지 아니하였나이다"(51절)

시인을 심히 조롱한 이들이 누구입니까? 교만한 자들입니다. 하나님을 믿지 않고, 하나님 없이도 살 수 있다고 생각하는 자들입니다.

하나님의 사람들은 끊임없이 교만한 자들로부터 비웃음과 조롱을 당하며 살아왔습니다. 노아는 하나님의 명령을 따라 산 위에 방주를 만들 때 많은 비웃음을 받았습니다. 사도 바울은 복음을 변론하다 베스도 총독으로부터 "네가 미쳤도다 네 많은 학문이 너를 미치게 한다"(행 26:24b)고 조롱 당했습니다.

인간의 몸을 입고 이 땅에 오신 예수님도 말로 표현할 수 없는 수치와 조롱을 당하셨습니다. 로마 군병들은 예수님의 옷을 벗기고 붉은색 옷을 입혔습니다. 머리에는 왕관 대신 가시 면류관을 씌웠습니다. 오른손에는 홀이 아닌 갈대를 들게 했습니다. 그리고 예수님 앞에 무릎을 꿇고 "유대인의 왕이여 평안할지어다"(마 27:29b)라며 희롱했습니다. 손에 들린 갈대를 빼앗아 머리를 내리치고 얼굴에 침을 뱉었습니다. 지나가는 자들 역시 "네가 만일 하나님의 아들이어든 자기를 구원하고 십자가에서 내려오라"(마 27:40b)며 예수님을 조롱했습니다.

지금 우리가 살고 있는 시대도 마찬가지입니다. 많은 사람이 교회와 그리스도인을 비난합니다. "그리스도 예수 안에서 경건하게 살고자 하는 자는 박해를 받으리라"(딤후 3:12)라는 말씀처럼, 말씀대로 살고자 하는 사람들을 세상은 이해하지 못하고 비웃습니다. 시인 역시 교만한 자들에게 심히 조롱을 당했습니다. 하지만 "나는 주의 법을 떠나지 아니하였나이다"라고 고백합니다. 신앙을 포기하지 않고, 견고한 심령으로 말씀을 붙들고 살았습니다.

그런데 사람들은 너무나 쉽게 주의 말씀을 떠납니다. 세상이 교회를 비난하고 그리스도인들을 조롱하는 것에 점점 위축되다가 결국 교회를 떠나 버리는 것입니다. 교회에는 나오지만 세상에서는 내가 그리스도인임을 숨기는 사람들도 많습니다.

하지만 하나님의 사람은 대세를 따르지 않습니다. 진리를 따릅니다. 넓은 문으로 들어가 넓은 길을 걷는 것이 아니라 좁은 문으로 들어가 좁은 길을 걷습니다.

내가 맹렬한 분노에 사로잡혔나이다

"주의 율법을 버린 악인들로 말미암아 내가 맹렬한 분노에 사로잡혔나이다"(53절)

"맹렬한"이란 바람으로 인해 불 따위가 크게 타올라 번지는 것을 말합니다. 주의 율법을 버린 악인들로 인해, 산불이 바람을 타고 번져 가는 것처럼 자신이 맹렬한 분노에 사로잡혔다는 것입니다. 이를 통해 시인이 얼마나 하나님의 말씀을 사랑했는지 짐작할 수 있습니다.

"그러므로 내가 주의 계명들을 금 곧 순금보다 더 사랑하나이다"(127절)

시인은 하나님의 말씀을 순금보다 더 사랑했습니다. 자신이 그토록 사랑하는 하나님의 말씀을 버리는 악인들을 보면서 너무나

안타까워 견딜 수가 없었습니다.

여러분! 만약 내가 가장 사랑하고 아끼는 이가 누군가로부터 따돌림과 조롱을 당하면 어떻겠습니까? 마치 내가 버림받고 조롱을 당하는 것처럼 수치스럽고 분노가 치밀어 오르지 않겠습니까?

주님을 사랑하는 사람은 주님의 거룩한 이름이 조롱을 당하면 분노합니다. 주님을 사랑하는 사람은 주님의 몸 된 교회가 세상으로부터 비난을 받으면 마음이 아파 잠을 이루지 못합니다. 왜 그럴까요? 사랑하기 때문입니다. 이처럼 하나님의 사람에게는 거룩한 분노, 의로운 분노가 있어야 합니다.

예수님에게도 거룩한 분노가 있었습니다. 예수님이 나귀를 타고 예루살렘에 입성하실 때의 일입니다. 주님은 성전 안에서 매매하는 모든 자들을 내어 쫓으시고, 돈 바꾸는 사람들의 상과 비둘기 파는 사람들의 의자를 둘러 엎으셨습니다. 그리고 말씀하셨습니다.

"내 집은 기도하는 집이 되리라 하였거늘 너희는 강도의 소굴을 만들었도다"(눅 19:46)

예수님에게 거룩한 분노가 있었던 것처럼 우리에게도 거룩한 분노가 있어야 합니다. 낙태죄를 폐지하여 생명을 죽이고, 동성혼을 합법화하여 창조 질서를 무너뜨리며, 인권조례를 만들어 기독교 학교에서조차 성경을 가르치지 못하게 하고 채플을 마음껏 드리지 못하게 하는 등의 행위에 분노해야 합니다. 하나님의 말씀을 버린 악인들의 행동에 거룩한 분노를 표출할 수 있어야 합니다.

나의 노래가 되었나이다

시인은 나아가 하나님의 말씀이 나의 노래가 되었다고 고백합니다.

> "내가 나그네 된 집에서 주의 율례들이 나의 노래가 되었나이다"(54절)

피곤하고 고단한 일들의 연속인 나그네 된 집에서 여호와의 말씀이 소망을 갖게 했고, 고난 중의 위로가 되었고, 침체된 내 영혼을 다시 살려 냈습니다.

한때 이스라엘 백성들은 하나님이 자신들을 버리셨다고 생각했습니다. 바벨론에 의해 예루살렘이 함락되고, 성전이 불타고,

많은 사람이 포로로 끌려갔기 때문입니다. 아브라함의 후손이며 하나님께 선택받은 자신들이 할례 받지 않은 이방인에게 짓밟히고, 그 땅 가운데 포로로 끌려가 고통스러운 나날을 보낼 때, 하나님이 자신들을 버리셨다고 생각한 것은 어찌 보면 당연합니다. 하나님이 더 이상 우리를 사랑하지도 않으시고, 아예 잊어 버리셨다고 생각한 것은 그 상황에서 지극히 자연스러운 판단이었습니다. 그런데 하나님은 이사야 선지자를 통해 말씀하셨습니다.

"여인이 어찌 그 젖 먹는 자식을 잊겠으며 자기 태에서 난 아들을 긍휼히 여기지 않겠느냐 그들은 혹시 잊을지라도 나는 너를 잊지 아니할 것이라"(사 49:15)

나는 너를 잊지 않았다는 것입니다. 나는 너를 포기한 적이 없다는 것입니다. 이 말씀을 묵상하면 소망이 생깁니다. 영혼이 소성케 됩니다. 입술을 열어 하나님을 찬양하게 됩니다. 그래서 시인도 나그네 된 집에서 '하나님의 말씀이 나의 노래가 되었다'라고 고백했던 것입니다.

우리 인생도 마찬가지입니다. 하나님의 말씀이 내 인생의 노래 될 때가 얼마나 많습니까? 주님이 나를 붙들고 세상 끝날까지 함께하신다는 이 말씀이, 성령이 보혜사로 내 안에 계시며 나를 도우신다는 이 말씀이, 약한 나로 강하게 하신다는 이 말씀이 우리의 입을 열어 찬양하게 할 때가 얼마나 많습니까?

그리스도인들이 즐겨 부르는 찬송 중에 〈주 안에 있는 나에게〉라는 곡이 있습니다. 이 찬양은 엘리자 에드먼드 휴이트(Eliza Edmunds Hewitt)가 작사했습니다.

1887년 겨울 어느 날, 그녀는 한 불량 학생을 그리스도의 사랑으로 타이르고 있었습니다. 그런데 그 학생이 느닷없이 지붕 자재로 휴이트의 등을 때리는 바람에 상반신을 크게 다치고 말았습니다. 이로 인해 그녀는 병원에서 치료를 받아야 했습니다. 원수를 은혜로 갚아야 한다는 것을 잘 알았지만, 마음은 분노와 원망으로 가득 찼습니다. 그리고 그 학생에 대한 증오가 싹트기 시작했습니다.

어느 화창한 봄날, 병실 청소부인 한 흑인 여성이 찬송을 흥얼거리며 빗자루질을 하고 있었습니다. 그 모습을 본 휴이트는 "이 봐요, 청소부 주제에 뭐가 그리 좋아서 흥얼거려요?"라며 버럭 역정을 냈습니다. 청소부는 이렇게 답했습니다. "주님이 나에게 닥친 형편과 처지를 찬송으로 바꿀 수 있는 힘을 주셨으니 즐거울 수밖에요."

순간 휴이트는 감전된 듯한 충격을 받았습니다. 이제까지 불평과 증오로 가득 찬 나날을 보낸 자신의 모습을 회개했습니다. 그

때 회개하면서 지은 시가 바로 〈주 안에 있는 나에게〉의 가사입니다. 이 찬양의 전체 가사가 다 좋지만, 저는 특히 2절이 큰 은혜가 됩니다.

"그 두려움이 변하여 내 기도되었고
전날의 한숨 변하여 내 노래 되었네
주님을 찬송하면서 할렐루야 할렐루야
내 앞길 멀고 험해도 나 주님만 따라가리"

인생의 밤을 만났을 때

시인은 주의 이름을 기억하고 주의 법을 지켰다고 고백합니다.

"여호와여 내가 밤에 주의 이름을 기억하고 주의 법을 지켰나이다"(55절)

그때가 언제입니까? 밤입니다. 우주에 낮과 밤이 있듯이 우리 인생에도 낮과 밤이 있습니다. 세상 사람뿐만 아니라 하나님의 사람에게도 절망의 밤, 슬픔의 밤, 고통의 밤이 있습니다. 질병과 실패의 밤이 있습니다.

밤은 누구에게나 고통스럽습니다. 어떤 이들은 숨을 쉴 수 없는 것 같은 아픔을 이겨 내지 못하고 하나밖에 없는 소중한 생명을 스스로 끊기도 합니다. 인생의 밤이 너무 괴로워 자포자기하며 '될 대로 되라'는 식으로 더 많은 죄를 짓기도 합니다. 이처럼 감당하기 버거운 인생의 밤을 만났을 때 우리는 어떻게 해야 할까요?

첫째, 주의 이름을 기억하고 주의 법을 지켜야 합니다.

"주의 이름을 기억하고 주의 법을 지켰나이다"(55절b)

시인은 인생의 밤에 주의 이름을 기억하고 주의 법을 지켰다고 했습니다. 여기서 "이름"은 그 이름으로 불리는 대상의 전 존재를 말합니다. 이름에는 대상의 인격과 사역, 성품과 능력이 다 포함되어 있습니다. 즉 하나님의 인격과 사역, 성품과 능력을 신뢰하며 주님이 주신 말씀을 지켰다는 것입니다.

사실 그리스도인이 말씀대로 순종하려면 손해는 물론 때로는 무시도 당해야 합니다. 그것이 하나님의 영광을 위해 걸어가야 하는 마땅한 십자가의 삶입니다. 하지만 말씀하신 하나님을 신뢰하지 못하고 그분의 능력과 성품과 인격을 신뢰하지 못한다면, 어떻게 고통과 절망이 엄습한 인생의 밤 가운데 말씀을 지킬 수 있겠습니까?

시인은 비록 고통스럽고 힘든 인생의 밤을 만났지만, 하나님을 신뢰하기 때문에 말씀을 지켰습니다. 하나님이 환난 중에 건져 주실 것을 믿었기에 주의 말씀을 지켰습니다. 베드로가 어부로서의 상식과 경험으로는 이해가 되지 않았지만, 예수님을 신뢰했기에 말씀에 의지해 그물을 내린 것처럼 말입니다.

둘째, 부르짖어 기도해야 합니다.

"내가 날이 밝기 전에 부르짖으며 주의 말씀을 바랐사오며"(147절)

"날이 밝기 전"은 가장 어두운 시간을 말합니다. 그러니까 시인은 동이 터 오르기 직전 그 절망의 밤에 부르짖어 기도한 것입니다. 주의 말씀을 바라며 말입니다.

하나님의 사람들은 인생의 밤을 만났을 때 부르짖어 기도했습니다. 다윗 역시 환난의 밤에 여호와께 아뢰며 부르짖었습니다.

"내가 환난 중에서 여호와께 아뢰며 나의 하나님께 부르짖었더니"(시 18:6a)

그가 만난 환난은 어떤 것입니까?

"사망의 줄이 나를 얽고 불의의 창수가 나를 두렵게 하였으며 스올의 줄이 나를 두르고 사망의 올무가 내게 이르렀도다"(시 18:4-5)

'사망의 줄이 나를 얽었다'는 것은 죽음의 골짜기를 걸어가는 것 같은 상황 가운데 있었음을 말합니다. '불의의 창수가 나를 두렵게 했다'는 말은 인간의 힘으로는 도저히 막을 길이 없는 악의 물결이 파도처럼 밀려 왔음을 뜻합니다. '스올의 줄이 나를 두르고 사망의 올무가 내게 이르렀다'는 표현은 전혀 살 길이 보이지 않는 상황 가운데 놓였다는 것으로 이해하면 됩니다.

다윗에게 죽음의 공포가 엄습했습니다. 모든 것이 끝났다고 생각되는 인생의 밤, 도무지 감당할 수 없는 시련이 닥친 절망의 밤에 그는 부르짖어 기도했습니다.

예수님도 십자가를 지시기 전날 밤, 겟세마네 동산에서 흐르는 땀방울이 핏방울이 되도록 기도하셨습니다. 그날 밤 겟세마네 동산에서의 처절한 기도가 있었기에 주님은 자신을 부인하고 십자가를 지고 골고다 언덕을 오르실 수 있었습니다. 또 마침내 부활의 아침을 맞이하실 수 있었습니다. 그러므로 우리 역시 인생의 밤을 만났을 때 부르짖어 기도해야 합니다. 원망과 불평이 아닌 기도의 무릎을 꿇어야 합니다. 결코 쉽지 않지만 그렇게 해야 합니다.

내 소유는 이것이니

"내 소유는 이것이니 곧 주의 법도들을 지킨 것이니이다"(56절)

사람들은 집이나 자동차 또는 사업장을 자신의 소유라고 생각합니다. 그러나 시인은 하나님의 말씀을 지킨 것이 내 소유라고 말합니다. 이것이 성도의 재산인 이유가 무엇입니까? 말씀대로 사는 것이 하나님 나라의 분깃이 되기 때문입니다. 우리가 말씀대로 살면, 하나님이 말씀대로 우리를 이끄시고 말씀대로 복을 주십니다. 따라서 말씀이 곧 나의 소유, 나의 재산이 되는 것입니다. 기억하십시오. 우리 인생의 마지막에 남는 것은 말씀대로 순종한 것밖에 없습니다.

베드로는 "모든 육체는 풀과 같고 그 모든 영광은 풀의 꽃과 같으니 풀은 마르고 꽃은 떨어지되 오직 주의 말씀은 세세토록 있도다"(벧전 1:24-25a)라고 했습니다. 내 인생을 마무리하는 날에 내 소유라고 말할 수 있는 것은 아무것도 없습니다. 지금 살고 있는 아파트도, 자동차도, 값비싼 명품들도, 미래를 대비해 사놓은 땅과 주식도 다 사라지고 맙니다.

그러나 내 인생 마지막까지 내 소유로 남아 있는 것이 있습니다. 주의 말씀에 순종한 것입니다. 예수님도 "누구든지 나의 이 말을 듣고 행하는 자는 그 집을 반석 위에 지은 지혜로운 사람 같으리니"(마 7:24)라고 말씀하셨습니다.

사람들의 눈에는 가진 것이 전혀 없는 것처럼 보이지만 말씀에 순종하는 삶을 사는 영적 부자가 있습니다. 그들은 복음의 정수를 묵상하고 복음의 감격으로 살아가며 천국의 기쁨을 소유합니다. 반면 신앙생활을 오래 했음에도 말씀에 순종하는 삶을 살지 못해 하나님 나라의 분깃이 전혀 없는 영적 거지가 있습니다.

저는 말씀을 준비하면서 기도합니다. 모든 하나님의 백성이 말씀 안에 거하고 말씀대로 순종하는 삶을 살기를 기도합니다. 또 소망합니다. 모든 하나님의 백성이 하나님 나라의 분깃이 충만한 영적 부자가 되기를, 그리하여 마음껏 하나님의 영광을 드러내며 주를 찬미하는 그리스도인이 되기를 소망합니다. 여러분이 주의 법도를 지키며 하나님 나라를 소유하는 백성이 되기를 주님의 이름으로 축원합니다.

인생의 밤을 만났을 때

4부

말씀은 끝까지
내 삶을 책임진다

"오직 주의 말씀은
세세토록 있도다"

누가복음 5장 1-7절

1 무리가 몰려와서 하나님의 말씀을 들을새 예수는 게네사 렛 호숫가에 서서

2 호숫가에 배 두 척이 있는 것을 보시니 어부들은 배에서 나와서 그물을 씻는지라

3 예수께서 한 배에 오르시니 그 배는 시몬의 배라 육지에 서 조금 떼기를 청하시고 앉으사 배에서 무리를 가르치 시더니

4 말씀을 마치시고 시몬에게 이르시되 깊은 데로 가서 그 물을 내려 고기를 잡으라

5 시몬이 대답하여 이르되 선생님 우리들이 밤이 새도록 수고하였으되 잡은 것이 없지마는 말씀에 의지하여 내가 그물을 내리리이다 하고

6 그렇게 하니 고기를 잡은 것이 심히 많아 그물이 찢어지 는지라

7 이에 다른 배에 있는 동무들에게 손짓하여 와서 도와 달 라 하니 그들이 와서 두 배에 채우매 잠기게 되었더라

—

하나님이 책임져 주시는
인생을 살라

오래 전 성도들과 함께 성지 순례를 다녀온 적이 있습니다. 성경의 배경이 되는 현장을 직접 눈으로 보고 발로 밟는 것은 그 시대를 상상해 볼 수 있는 참으로 가슴 벅찬 경험이었습니다. 순례 기간 동안 주일에는 배를 타고 갈릴리 바다 한가운데로 나가 선상에서 주일 예배를 드렸습니다. 저희 일행은 그날 갈릴리 바다에서 평생 잊지 못할 예배를 드렸습니다. 우리 주님이 물 위를 걸으셨던 곳, 배를 타고 지나가며 주무셨던 곳, 풍랑을 잔잔케 하셨던 곳, 제자들을 부르셨던 곳, 바로 그 현장에서 예배를 드렸습니다. 얼마나 큰 감동이 밀려왔겠습니까? 저는 지금도 갈릴리 바다 한복판에서 드린 그날의 감격스러운 예배를 잊지 못하고 있습니다.

무리가 몰려와 말씀을 듣다

이른 아침, 예수님은 갈릴리 바다, 일명 게네사렛 호숫가를 찾
으셨습니다. 성지 순례를 가 본 사람들은 알겠지만 게네사렛 호
수는 정말 아름답습니다. 갈매기들이 평화롭게 하늘을 날고, 수
정같이 맑은 호수는 자신의 청순함을 자랑이라도 하듯 출렁거립
니다. 이렇게 아름답고 평화로운 게네사렛 호숫가에서 예수님이
무리에게 하나님의 말씀을 가르치고 계셨습니다.

"무리가 몰려와서 하나님의 말씀을 들을새 예수는 게네사렛 호숫
가에 서서"(1절)

시간이 흐르자 점점 많은 사람이 예수님 주위에 몰려들기 시작
했습니다. 예수님에 대한 소문을 듣고서 주께로 나아오기 시작한
것입니다. 얼마나 많은 사람이 몰려와 예수님의 주변을 에워쌌는
지 말씀을 제대로 전하기 어려울 정도였습니다. 그 많은 사람이
이른 아침에 예수님을 향해 나아온 이유는 무엇일까요?

인생의 밤을 만났을 때

"무리가 몰려와서 하나님의 말씀을 들을새"(1절a)

하나님의 말씀을 듣기 위해서였습니다. 수많은 사람이 이른 아침부터 말씀을 듣기 위해 예수님에게로 몰려들었습니다. 이를 통해 그들이 얼마나 말씀에 굶주려 있었는지 알 수 있습니다. 억지로 동원된 사람들이 아니었습니다. 오직 하나님의 말씀을 듣기 위해 스스로 모였던 것입니다.

우리도 이렇게 하나님의 말씀을 사모하게 되기를 바랍니다. 하나님의 말씀만이 내 영혼의 양식이며 내 믿음을 자라게 하는 능력입니다.

"믿음은 들음에서 나며 들음은 그리스도의 말씀으로 말미암았느니라"(롬 10:17)

무리는 인간 예수의 말을 듣기 위해 온 것이 아닙니다. 예수님의 입에서 선포되는 하나님의 말씀을 듣기 위해 나왔습니다.

우리 역시 주의 종의 입에서 선포되는 하나님의 말씀을 듣기 위해 예배의 자리에 나아갑니다. 데살로니가 교회의 성도들도 그랬습니다.

"하나님의 말씀을 받을 때에 사람의 말로 받지 아니하고 하나님의
말씀으로 받음이니 진실로 그리하도다 이 말씀이 또한 너희 믿는
자 가운데에서 역사하느니라"(살전 2:13b)

이 사실은 매우 중요합니다. 말씀을 내게 주시는 하나님의 말
씀으로 받을 때 그것이 내 안에서 역사하기 때문입니다. 사람의
말로 받으면 잠깐의 감동은 있을지 몰라도 우리의 심령을 깨우거
나 살아 역사하지 못합니다.

배에 앉아 가르치시다

예수님 주위로 너무나 많은 사람이 몰려들었습니다. 더 이상
말씀을 자유롭게 전할 수 없을 정도였습니다. 예수님은 더 나은
장소를 찾기 위해 주위를 둘러보셨습니다. 마침 호숫가에 배 두
척이 있었습니다. 근처에서는 갈릴리 바다에서 고기를 잡고 돌아
온 어부들이 그물을 씻고 있었습니다. 이에 예수님은 더 많은 사
람에게 말씀을 전하기 위해 배에 오르셨습니다.

"예수께서 한 배에 오르시니 그 배는 시몬의 배라 육지에서 조금
떼기를 청하시고 앉으사 배에서 무리를 가르치시니"(3절)

예수님이 오르신 배는 바로 시몬 베드로의 배였습니다. 주님은 베드로에게 배를 육지에서 조금 떼기를 청하셨습니다. 그리고 그 배에 앉아 자유롭게 하나님의 말씀을 전하며 가르치기 시작하셨습니다.

성경을 보면 예수님은 다양한 장소에서 다양한 방식으로 말씀을 가르치셨습니다. 때로는 회당과 성전에서, 때로는 들판에서, 때로는 자신을 초청한 사람의 집에서 하나님의 말씀을 전하셨습니다. 또한 산에 오르기도 하셨습니다.

"예수께서 무리를 보시고 산에 올라가 앉으시니 제자들이 나아온 지라 입을 열어 가르쳐 이르시되"(마 5:1-2)

예수님이 산에 올라 가르치셨기에 이 말씀을 '산상수훈'(山上垂訓)이라 부릅니다. 예수님은 이렇게 다양한 장소를 다니며 때로는 서서 때로는 앉아서 말씀을 가르치셨습니다. 장소와 형식에 매임을 받지 않고 자유롭게 말씀을 전하신 것입니다.

반면 우리는 장소와 형식에 매여 있는 경우가 많습니다. 이를 테면 '목사는 설교할 때 꼭 가운을 입어야 한다', '움직이면서 설교하면 경망스럽게 보이므로 가만히 서서 설교해야 한다', '강단은 설교자만 올라가고 기도하거나 찬양하는 사람들은 강단 아래에 있어야 한다', '청바지를 입고 캐주얼 차림으로 설교하면 은혜가 되지 않는다' 같은 이야기들입니다.

저희 어머니는 시골 교회를 다닐 때 토요일마다 예배당을 청소하셨습니다. 그런데 어쩐 일인지 말씀을 전하는 강대상에는 잘 올라가지 못하셨습니다. 강대상을 거룩한 곳으로 여기셨기 때문입니다. 예전에는 그런 인식이 강했습니다. 그렇다고 그것을 오늘날의 시선에서 잘못되었다고 비판하기보다는 말씀을 귀하게 여기는 순전한 마음이라고 이해하면 좋을 것 같습니다.

그러나 이제는 더 이상 그런 장소나 형식에 매이지 않기를 바랍니다. 말씀을 앉아서 전하든 서서 전하든, 청바지를 입든 목사 가운을 걸치든 중요하지 않습니다. 이것들은 비본질적인 영역입니다. 본질은 하나님의 생명력 있는 말씀이 선포되는 것입니다. 주의 영이 계신 곳에는 자유가 있습니다. 다른 무엇보다 '어떻게 하면 효과적으로 말씀을 전할 수 있을까?', '어떻게 우리가 주님을 영화롭게 할까?'가 더 중요합니다.

깊은 데로 가서 그물을 내려 고기를 잡으라

배에 앉아 무리에게 말씀을 가르치던 예수님은 말씀을 마친 다음 시몬에게 "깊은 데로 가서 그물을 내려 고기를 잡으라"고 말

인생의 밤을 만났을 때

씀하셨습니다.

"말씀을 마치시고 시몬에게 이르시되 깊은 데로 가서 그물을 내려 고기를 잡으라" (4절)

사실 베테랑 어부였던 베드로의 입장에서는 선뜻 순종하기 어려운 명령입니다. 예수님은 목수이지 어부가 아닙니다. 반면 베드로는 갈릴리 바다에서 일평생 숱한 수전(水戰)을 거치며 어부로서 잔뼈가 굵은 사람입니다. 어릴 때부터 그곳에서 자라 고기를 잡았기 때문에 그 시간에 그 장소에는 고기가 없다는 것을 누구보다도 잘 알았습니다. 그러니 예수님의 말씀은 어부로서의 전문성에 비추어 볼 때 결코 받아들일 수 없는 것이었습니다.

게다가 베드로는 지난밤에도 밤새도록 그물을 던졌지만 단 한 마리의 고기도 잡지 못했습니다. 실적이 없으니 더욱 피곤한 몸을 이끌고 아침에 그물을 씻고 있었습니다. 바다에서 밤새 파도와 싸우면서 그물을 내려 고기를 잡는 것은 육체적으로도 정신적으로도 엄청난 노동입니다. 이렇게 지친 상황에서 다시 배를 띄워 바다로 나가 그물을 내리라고 하시니 쉽게 동의가 되겠습니까?

더욱이 그물을 내려 고기를 잡는 일은 낚시처럼 혼자 할 수 있는 일이 아닙니다. 예수님의 말씀에 순종하려면 함께 할 수 있는 동료가 필요합니다. 그런데 누가 그 시간에 흔쾌히 함께 나가겠습니까? 뿐만 아니라 현실적인 손해를 볼 수도 있습니다. 누군가를 설득해 데리고 나가려면 임금을 주어야 합니다. 만일 어젯밤처럼 한 마리의 고기도 잡지 못하고 허탕을 친다면 상당한 물질적 손해를 감수해야 합니다.

그럼에도 불구하고 베드로는 이 모든 부정적인 여건을 이겨내고 예수님의 말씀에 순종했습니다.

말씀에 의지하여 그물을 내리리이다

베드로는 '밤이 새도록 수고하였음에도 잡은 것이 없다'는 자신의 현재 상황을 설명합니다. 그러면서 '말씀에 의지하여 그물을 내리겠다'고 말합니다. 도저히 순종할 수 없는 상황임에도 말씀에 순종했습니다. 말씀을 의지했습니다. 믿음 하나로 도전했습니다.

"시몬이 대답하여 이르되 선생님 우리들이 밤이 새도록 수고하였으되 잡은 것이 없지마는 말씀에 의지하여 내가 그물을 내리리이다"(5절)

베드로가 자신의 모든 것을 내려놓고 예수님의 말씀대로 행했던 이유는 무엇일까요? 어쩌면 우리는 너무나 쉽게 베드로는 예수님의 제자, 그것도 수제자니까 남다른 믿음을 가지고 있었을 것이라 생각할지 모릅니다. 성경의 다른 인물들도 마찬가지입니다. 바울이니까 다윗이니까 아브라함이니까 엘리야니까 당연히 하나님의 말씀에 순종했을 것이라고 생각합니다. 그렇지 않습니다. 그들 역시 우리와 동일한 성정을 가진 사람입니다. 그들 역시 죄성을 가진 인간일 뿐 특별한 존재가 아닙니다.

베드로가 자신의 모든 것을 내려놓고 말씀에 순종할 수 있었던 이유는 단순합니다. 그가 예수님의 말씀을 들었기 때문입니다. 사실 베드로는 아직 예수님이 어떤 분인지 잘 몰랐습니다. 그러니 예수님이 '깊은 데로 가서 그물을 내려 고기를 잡으라'고 말씀하실 때 예수님을 '선생님'이라 불렀던 것입니다.

어떤 학자는 이 장면이 베드로와 예수님의 첫 만남이라고 주장합니다. 또 어떤 학자는 두 번째 만남이라고 주장합니다. 어쨌든 베드로는 아직 예수님에 대해 잘 모르는 상태입니다. 그런데 예수님의 말씀에 자기가 가진 모든 것을 내려놓고 순종했습니다. 이유가 무엇입니까? 바로 직전에 예수님의 말씀을 들었기 때문입니다.

어쩌면 베드로는 배의 주인으로서 가장 가까이에서 예수님이

하시는 하나님의 말씀을 들었을 것입니다. 육체적으로는 심히 피곤했지만 주님의 입에서 나오는 말씀이 그를 사로잡았습니다. '믿음은 들음에서 난다'(롬 10:17a)는 말씀처럼, 예수님의 입에서 선포되는 하나님의 말씀을 들을 때 베드로 안에 믿음이 생긴 것입니다.

믿음은 말씀을 들을 때 생깁니다. 그리고 믿음이 있어야만 순종할 수 있습니다. 베드로 역시 예수님의 입에서 나오는 말씀을 들음으로 믿음이 생겼고, 믿음이 있었기에 말씀에 순종할 수 있었습니다.

그물이 찢어지는지라

말씀에 순종한 결과는 무엇입니까?

"그렇게 하니 고기를 잡은 것이 심히 많아 그물이 찢어지는지라"(6절)

주님의 말씀에 순종하여 나아갔더니 고기를 잡은 것이 심히 많아 그물이 찢어질 정도였습니다. 지난밤에는 한 마리도 잡히지 않았는데 말입니다.

"이에 다른 배에 있는 동무들에게 손짓하여 와서 도와 달라 하니 그들이 와서 두 배에 채우매 잠기게 되었더라"(7절)

자신의 배에 다 실을 수 없어 또 다른 친구의 배를 불러 두 배에 가득 채울 만큼 많은 고기가 잡혔습니다.

이 말씀이 우리에게 주는 교훈은 무엇일까요? 하나님의 말씀에 순종하면 누구나 이렇게 풍성한 축복을 누릴 수 있다는 것일까요? 맞습니다. 신실하신 하나님은 약속의 말씀을 붙들고 순종하는 자에게 풍성한 복을 부으십니다. 그리고 말씀대로 순종하면 반드시 기적이 일어납니다.

성경에 나오는 모든 기적에는 순종이라는 공식이 있습니다. 순종 없이 일어나는 기적은 없습니다. 가나의 혼인 잔치에서 있었던 물이 포도주가 되는 기적도, 요단강이나 홍해를 건너는 기적도, 나아만이 한센병을 고침 받은 기적도, 베드로가 물 위를 걸었던 기적도 모두 순종을 통해 이루어졌습니다.

말씀에 내 인생을 걸라

그런데 본문 말씀을 묵상하면서 이 기적에는 더 깊은 교훈이 있다는 것을 깨달았습니다. 모든 것을 내려놓고 말씀에 순종하면 하나님이 그 인생을 책임져 주신다는 것입니다. 베드로가 순종했던 단 한 가지 이유는 그것이 예수님의 말씀이었기 때문입니다. 만일 베드로가 어부로서 자신의 경험에 의지하거나 평소 상식대로 그물을 내렸다면 하나님은 이렇게 역사하지 않으셨을 것입니다. 그러나 오직 주님의 말씀에 의지해 그물을 내렸기 때문에 하나님이 그 말씀대로 축복해 주신 것입니다.

어떤 사람들은 이 장면을 보면서 얼마나 많은 물고기가 잡혔는지, 그 수입은 얼마나 되는지에 대해 궁금해합니다. 하지만 그것들은 전혀 중요하지 않습니다. 중요한 것은, 베드로가 주님의 말씀에 순종하자 주님이 베드로를 책임져 주셨다는 사실입니다. 기억하십시오. 하나님은 말씀에 의지해 순종하는 그 사람의 인생을 반드시 책임져 주십니다.

『팡세』를 쓴 프랑스의 수학자이자 물리학자, 철학자인 파스칼(Pascal)은 "하나님은 철학자의 하나님이 아니다. 과학자의 하나님도 아니다. 성경이 가르친 대로 믿는 자의 하나님이시다. 그리고 신앙은 인간의 이성을 십자가에 못 박는 것이다"라고 말했습니다. 그는 우리의 지성과 경험과 상식이 순종의 방해물이 될 때가 많다고 여겼습니다. 베드로처럼 내 상식과 경험과 관계를 뛰어넘어서 말씀대로 순종할 수 있어야 합니다. 그런 사람만이 하나님이 책임져 주시는 인생을 살 수 있습니다.

하나님이 책임지신다

설교 준비를 하던 중에 한 기독 언론에 실린 내용을 보았습니다. 20-30대 기독 청년들에게 '성경적 삶의 현실 가능성 여부'라는 주제로 설문 조사를 했는데 놀랍게도 "성경 말씀을 지키고 살면 성공하지 못한다"는 응답이 40.4퍼센트나 되었습니다. 더 놀라운 사실은 "성경 말씀을 지키며 사는 사람이 주위에 별로 없다"는 응답도 61.7퍼센트나 되었습니다. 두 명 중 한 명은 '성경 말씀대로 살면 성공하지 못한다'고 생각한다는 것입니다. 이런 인식을 갖게 된 이유가 무엇일까요? 성공에 대한 잘못된 가치관을 가지고 있기 때문입니다.

사람들이 보편적으로 생각하는 성공의 평가 기준은 돈과 권력입니다. 그리스도인들에게 돈과 하나님 중 택하라고 하면 주저 없이 하나님을 선택합니다. 그러나 실제 삶의 현장에서는 다릅니다. 하나님보다 돈이 먼저인 경우가 많습니다. 하나님보다 권력이 먼저입니다. 말씀에 대해 이율배반적인 태도를 가집니다. 하나님은 아나니아와 삽비라처럼 자신의 명철을 더 의지하는 사람의 인생을 결코 책임져 주지 않으십니다.

하나님은 베드로처럼 자신의 모든 것을 내려놓고 말씀에 의지해 순종의 발걸음을 내딛는 인생을 책임져 주십니다. 부자가 되고 권력을 갖게 해 준다는 이야기가 아닙니다. 가난하게 살더라도, 약자로 살더라도, 말씀에 의지해 순종하는 인생을 하나님은 책임져 주신다는 것입니다.

성경을 보십시오. 하나님이 어떤 사람의 인생을 책임져 주십니까? 약속의 말씀을 붙들고 씨름하는 사람의 인생입니다. 그 약속의 말씀 앞에 무릎 꿇고 순종의 발걸음을 내딛는 인생입니다.

정말 하나님이 책임져 주시는 인생을 살기 원하십니까? 그렇다면 여러분의 상황과 환경을 내려놓고 말씀에 온전히 순종하는 삶을 사십시오. 신실하신 하나님은 여러분 때문이 아니라 여러분이 붙들고 씨름하는 그 말씀 때문에 여러분의 인생을 책임져 주십니다.

하나님의 자녀 된 우리에게는 오늘 내가 붙들며 씨름하는 말씀이 있어야 합니다. 세상을 향해 담대히 외치며 선포하는 말씀이 있어야 합니다. 겸손히 무릎 꿇고 믿음으로 순종할 수 있는 말씀이 있어야 합니다.

신앙생활은 하나님의 말씀에 내 인생을 거는 것입니다. 살아 있고 운동력 있는 하나님의 말씀에 여러분의 인생을 거십시오. 돈과 권력과 쾌락에 인생을 걸면 추하고 허무한 결과만 남게 됩니다. 우리 스스로는 나 자신의 인생도, 내 자녀의 인생도 책임질 수 없습니다. 그러나 전능하신 하나님에게는 능치 못함이 전혀 없습니다. 신실하신 하나님은 여러분의 삶을 지키십니다. 그 하나님께 여러분의 인생을 맡기십시오. 하나님이 책임져 주시는 인생을 사십시오.

누가복음 5장 5-11절

5 시몬이 대답하여 이르되 선생님 우리들이 밤이 새도록 수고하였으되 잡은 것이 없지마는 말씀에 의지하여 내가 그물을 내리리이다 하고

6 그렇게 하니 고기를 잡은 것이 심히 많아 그물이 찢어지는지라

7 이에 다른 배에 있는 동무들에게 손짓하여 와서 도와 달라 하니 그들이 와서 두 배에 채우매 잠기게 되었더라

8 시몬 베드로가 이를 보고 예수의 무릎 아래에 엎드려 이르되 주여 나를 떠나소서 나는 죄인이로소이다 하니

9 이는 자기 및 자기와 함께 있는 모든 사람이 고기 잡힌 것으로 말미암아 놀라고

10 세베대의 아들로서 시몬의 동업자인 야고보와 요한도 놀랐음이라 예수께서 시몬에게 이르시되 무서워하지 말라 이제 후로는 네가 사람을 취하리라 하시니

11 그들이 배들을 육지에 대고 모든 것을 버려 두고 예수를 따르니라

13

이제 후로는

If God spare my life, ere many years, I will cause a boy that driveth the plow to know more of the Scriptures than thou dost. (하나님이 저의 생명을 연장시켜 주신다면, 쟁기를 가는 소년이 당신보다 더 성경을 알 수 있도록 할 것입니다.)

— 윌리엄 틴데일(William Tyndale)

5백 년 전까지만 해도 유럽에서는 라틴어 성경만 사용하여 예배를 드렸고 그것도 성직자들과 일부 학자들에게만 허락되었습니다. 종교개혁 시대에 윌리엄 틴데일은 목숨을 걸고 성경을 영어로 번역했습니다. 자신이 그랬던 것처럼 일반 성도들도 하나님의 말씀을 통해 은혜를 받았으면 하는 강력한 사명감에서였습니다. 물론 권력층의 반발과 탄압이 심했습니다. 경제적 어려움도 겪었습니다. 그러나 그는 하나님이 말씀과 함께 일하시고, 말씀은 완전한 것이기에 주어진 말씀에 순종했을 때 빛 되신 주님의 은혜가 있다는 것을, 살아 있는 하나님의 말씀이 어두운 시대에 불을 밝히는 능력이 있음을 알았습니다.

틴데일이 순교한 이후 성경은 전 세계의 수많은 언어로 번역되었습니다. 이제는 세계 어디에서나 수많은 사람이 하나님의 말씀을 자유롭게 읽고 묵상하며, 말씀을 통해 은혜를 받을 수 있습니다. 그의 순종이 영적 도화선이 된 것입니다. 말씀의 은혜에 온전히 반응한 한 사람의 결단으로 인해 이후 많은 사람이 성경을 통해서 회심하고, 주님을 만나고, 그리스도의 제자로 헌신하게 되었습니다.

주여 나를 떠나소서 나는 죄인이로소이다

베드로는 말씀에 의지해 그물을 내렸고, 그물이 찢어질 정도로 고기가 잡혔습니다. 두 척의 배가 물에 잠길 정도였습니다. 있을 수 없는 일이 일어난 것입니다. 베드로는 눈앞에서 일어난 엄청난 일에 압도되었습니다. 베드로뿐만 아니라 야고보와 요한을 포함한 함께 있던 사람들도 마찬가지였습니다.

말씀에 의지해 그물을 내렸지만, 이렇게 많은 고기가 잡히리라고는 아무도 생각하지 못했습니다. 놀라운 기적을 경험하자 베드로는 그 자리에서 예수님의 무릎 아래 엎드렸습니다.

"시몬 베드로가 이를 보고 예수의 무릎 아래에 엎드려"(8절a)

이는 나의 자존심을 내려놓고 상대방을 높인다는 의미입니다. 베드로는 예수님 앞에서 자신의 모든 것을 내려놓았습니다. 그리고 고백합니다.

"주여 나를 떠나소서"(8절b)

예수님을 향해 "주"라고 고백합니다. 그는 분명 얼마 전까지 예수님을 "선생님"이라 불렀습니다.

"시몬이 대답하여 이르되 선생님"(5절a)

말씀에 순종해 배를 몰고 바다로 나갈 때에도 그는 예수님을 "선생님"이라고 불렀습니다. 깊은 곳에 그물을 내릴 때에도 베드로에게 있어서 예수님은 단순한 선생님이었습니다. 당시 선생은 다른 사람보다 신분이 높은 사람들을 부를 때 사용된 단어입니다. 베드로는 예수님을 다른 사람보다 조금 더 높은 위치에 있는 선생님 정도로 알고 있었던 것입니다. 그랬던 베드로가 이제 예수님을 "주여!"라고 부릅니다.

베드로는 마침내 예수님이 누구인지 알았습니다. "주여"라는 말은 신적 권위를 가진 대상을 부를 때 사용됩니다. 이는 하나님과 동의어로 사용되는 단어입니다. 베드로는 예수님을 한 인간이 아닌 신적 권세를 가진 분으로 받아들인 것입니다.

나아가 베드로는 뜻밖의 고백을 합니다.

"주여 나를 떠나소서 나는 죄인이로소이다 하니"(8절b)

베드로는 앞에 계신 분이 하나님이라는 사실을 인지한 순간 자신의 죄인 됨을 발견합니다. 예수님은 베드로의 죄를 지적하지 않으셨습니다. 하지만 베드로는 예수님을 믿지 않고 자신의 수고를 의지해 살아온 삶 자체가 악하다는 사실을 깨달았습니다.

어두운 곳에 있으면 머리에 먼지가 있고 옷에 얼룩이 져도 잘 알지 못하지만 밝은 곳으로 나오는 순간 모든 것이 금방 드러납니다. 마찬가지로 죄악 된 세상 속에서는 자신의 죄인 됨을 깨달지 못한 채 살아갑니다. 그러나 빛 되신 주님, 거룩하신 하나님, 영광의 아버지를 만나면, 그래서 영광의 빛이 우리 가운데 비추기 시작하면, 말하지 않아도 나의 죄인 됨을 깨닫게 됩니다. 누구든지 영광스러운 주님을 만나고 하나님의 임재를 경험하면 "주여 나를 떠나소서 나는 죄인입니다", "죄인인 나는 하나님의 아들이신 당신 곁에 있을 자격이 없습니다"라고 고백할 수밖에 없습니다.

이사야 선지자는 웃시야 왕이 죽던 해에 보좌에 앉으신 하나님의 영광을 보았습니다. 여섯 날개를 가진 천사들이 하나님의 보좌 앞에서 두 날개로 얼굴을 가리고, 두 날개로는 발을 가리고, 두 날개로 날면서 '거룩하다, 거룩하다, 거룩하다' 삼중 거룩송을 부르며 하나님을 찬양했습니다. 그때에 이사야 선지자가 이렇게 고백합니다.

"화로다 나여 망하게 되었도다 나는 입술이 부정한 사람이요 나는 입술이 부정한 백성 중에 거주하면서 만군의 여호와이신 왕을 뵈었음이로다"(사 6:5)

누구든지 거룩하신 하나님을 만나면 자신의 죄인 됨을 고백하지 않을 수 없습니다. 누구든지 살아 계신 하나님을 만나면 그 발

아래 엎드릴 수밖에 없습니다.

네가 사람을 취하리라

베드로가 예수님의 무릎 아래 엎드려 자신을 죄인이라고 고백하자 주님은 그에게 사명을 주셨습니다.

> "예수께서 시몬에게 이르시되 무서워하지 말라 이제 후로는 네가 사람을 취하리라 하시니"(10절b)

"취하리라"는 말씀은 헬라어로 '조그레오'(ζωγρέω)이며 '붙잡다', '체포하다', '사로잡다'라는 뜻입니다. 따라서 "사람을 취하리라"는 말씀은 '사람을 낚는 어부가 되리라'는 뜻입니다. 이것은 베드로의 인생에 주시는 사명인 동시에 명령이었습니다.

이후 베드로는 실제로 사람을 낚는 어부가 되었습니다. 오순절에 성령 충만을 받은 베드로가 "너희가 회개하여 각각 예수 그리스도의 이름으로 세례를 받고 죄 사함을 받으라"(행 2:38)라고 설교할 때 3천 명이나 되는 사람들이 회개하고 세례를 받았습니다.

> "그 말을 받은 사람들은 세례를 받으매 이 날에 신도의 수가 삼천

베드로는 사람을 낚는 어부로서 수많은 사람을 주께로 인도했습니다. 베드로만이 아닙니다. 우리 역시 마지막 날에 사람을 낚는 어부로 부르심을 받았습니다. 하나님이 우리를 부르신 것은 나 혼자 예수님을 믿고 구원받게 하려 하심이 아닙니다. 죽어 가는 많은 영혼을 구원하려 하심입니다. 주님은 이 시대에 저와 여러분을 사람 낚는 어부로 부르셨습니다.

하나님 나라에 이를 때까지 사람을 낚는 어부로서의 사명을 잘 감당하기 위해 일터를 허락하셨고, 각양의 은사와 능력을 주셨습니다. 그러므로 이 세상에 사는 날 동안 우리가 해야 할 일은 바로 사람을 낚는 어부가 되는 것입니다.

물론 죽어 있는 영혼을 살리는 일은 우리의 힘과 능력으로는 불가능합니다. 내 마음 하나 다스리지 못하면서 어떻게 다른 죽은 영혼을 살릴 수 있겠습니까? 하지만 성령이 역사하시면 가능합니다. 베드로처럼 말씀에 의지하여 그물을 내릴 때, 바로 그때 성령이 강력하게 역사하십니다. 말씀에 순종하여 나아가 복음을 전할 때 우리의 그 순종을 통해 성령이 죽은 영혼을 살리실 것입니다.

사람들은 이 땅에서 잘되는 것에 관심을 두고 살아갑니다. 하지만 하나님의 관심은 다릅니다. 그분의 관심은 오직 이 땅에 죽어 있는 영혼들을 살리는 것입니다. 그러기 위해 교회를 세우셨고, 우리를 사람 낚는 어부로 부르셨습니다. 교회인 우리는 하나님이 행하시는 놀라운 일들을 소망하며, 사람을 낚는 어부로서의 사명을 충성스럽게 감당해야 합니다.

모든 것을 버리고 따르다

10절에서 주님은 베드로에게 "사람을 취하리라"고 말씀하시기 전에 "이제 후로는"이라는 말씀을 먼저 하셨습니다. 사람을 낚는 어부는 아무나 될 수 있는 것이 아니라는 말입니다. '이제 후로는'이라는 과정이 있어야 사람을 취할 수 있습니다.

다시 말하면 "주여 나를 떠나소서 나는 죄인이로소이다"라는 진실한 고백이 있는 자만이 사람을 낚는 어부가 될 수 있습니다. 주님을 인격적으로 만난 자만이 죽은 영혼을 살릴 수 있습니다. '나는 용서받을 수 없는 완벽한 죄인이구나', '나는 죄인 중의 죄인이구나' 하면서 자신의 죄인 됨을 철저하게 깨닫고, 예수님을 믿음으로 참된 용서를 경험한 자만이 사람을 낚는 어부가 될 수 있는 것입니다.

베드로는 이런 주님의 부르심에 어떻게 반응했을까요?

"그들이 배들을 육지에 대고 모든 것을 버려 두고 예수를 따르니라"(11절)

즉시 순종했습니다. 자신의 모든 것을 내려놓고 예수님을 따랐습니다. 여기서 "그들"은 베드로의 형제인 안드레와 동업자인 야고보와 요한을 말합니다. 바다를 떠나서는 살 수 없는 어부였던 그들은 배와 그물을 버리고 즉시 예수님을 따랐습니다. 자신들의 모든 것을 버리고 예수님을 따랐습니다. 이전까지는 갈릴리 바다에서 물고기를 잡는 어부의 삶을 살았지만, 이제는 죽은 영혼을 살리는 예수님의 제자로서의 삶을 살기로 한 것입니다.

이후 사도가 된 베드로는 박해받는 초대 교회 성도들을 이렇게 위로합니다.

"너희가 전에는 백성이 아니더니 이제는 하나님의 백성이요 전에는 긍휼을 얻지 못하였더니 이제는 긍휼을 얻은 자니라"(벧전 2:10)

'너희가 전에는 하나님의 백성이 아니었지만 예수를 믿음으로 이제는 하나님의 백성이 되었다'고 말합니다. '전에는 긍휼을 얻지 못하였으나 이제는 긍휼을 얻은 백성이 되었다'고 말합니다.

예수님을 믿기 전에는 죄로 말미암아 영원한 지옥의 형벌을 받을 수밖에 없는 본질상 진노의 자식이었지만, 이제는 하나님의 자녀가 되었고 하나님의 긍휼을 얻게 되었다는 것입니다.

예수님을 믿고 새로운 피조물이 된 사람은 이전(before)과 이후(after)의 삶이 분명히 달라야 합니다. 역사적으로도 예수 그리스도가 오신 사건을 중심으로 B.C.(Before Christ)와 A.D.(Anno Domini)가 분명하게 구별됩니다. 우리 인생도 B.C.와 A.D.가 분명하게 구별되어야 합니다.

주님을 만난 사람들은 주님을 만난 사건을 기준으로 이전과 이후의 삶이 분명히 달랐습니다.

사도 바울을 보십시오. 부활의 주님을 만나기 이전에는 십자가의 원수로 행했습니다. 예수님을 믿는 사람들을 핍박하고, 잡아 죽이기를 서슴지 않았습니다. 그런데 다메섹 도상에서 부활하신 주님을 만난 이후에는 자신의 모든 것을 걸고 복음을 위해 달려가는 인생을 살았습니다. 그러다 주님을 위해 영광스럽게 순교했습니다. 예수님을 알고 난 이후 인생의 방향이 완전히 바뀌었습니다. 생각이 바뀌었습니다. 가치관이 바뀌었습니다. 인생의 우선순위가 바뀌었습니다.

이제 후로는

아프리카 짐바브웨 출신 스티븐 롱구(Stephen Lungu) 선교사의 이야기를 담은 『예수를 업고 가는 아프리카 당나귀』(홍성사, 2004)라는 책이 있습니다. 스티븐 롱구는 짐바브웨가 영국 식민지로 있었던 때에 50세의 아버지와 14세의 어머니 사이에서 태어났습니다. 그는 일곱 살 되던 해에 부모에게 버림받았습니다. 아버지는 밥 먹듯이 가출했고, 어머니는 알코올 중독자였습니다. 이렇게 엉망인 가정을 뛰쳐나온 스티븐 롱구는 고아원, 닭장, 빈민촌을 전전하다 '검은 그림자'라는 갱단을 조직했습니다. 그리고 은행, 경찰서, 공공시설 등을 폭파하며 사회 불안을 조성하는데 앞장섰습니다.

1962년 일요일 밤, 그가 속한 조직은 한 쇼핑센터를 폭파하기로 모의했습니다. 마침 건물 앞 천막에서 기독교 전도 집회가 있었습니다. 그는 예수쟁이들이 모여 있는 쇼핑센터를 폭파하면 더 신나겠다고 생각했습니다. 그렇게 계획을 세워 폭탄을 가지고 천막에 들어갔습니다.

그런데 어찌된 영문인지 마음이 점점 뜨거워지는 것을 느꼈습니다. 폭탄을 던지기 5분 전, 천막 안에서 들려오는 설교가 그의 마음을 흔들었습니다. 분노로 가득 찬 그의 눈에서 갑자기 눈물이 쏟아졌습니다. 당시 설교에서 언급된 말씀이 그의 영혼을 어루만졌습니다. "내 부모는 나를 버렸으나 여호와는 나를 영접하시리이다"(시 27:10) '내 부모는 나를 버렸지만 하나님은 나를 영접해 주시는구나.' 그는 하나님의 사랑에 감격했습니다. 그리고 회개하며 예수님을 영접했습니다.

폭탄으로 천막과 쇼핑센터를 폭파하려고 했던 스티븐 롱구는 도리어 복음의 폭탄에 깨어지고 말았습니다. 이후 그는 한 선교사님의 도움으로 선교사가 되었습니다. 그리고 예수 그리스도의 복음을 전하겠다는 부푼 가슴을 안고, 아프리카뿐 아니라 미국, 영국, 호주 등 전 세계를 다니며 사람을 낚는 어부가 되었습니다.

심지어 자신을 버린 부모님에게도 담대하게 주의 진리와 사랑을 선포했고, 그들은 훌륭한 그리스도인이 되었습니다. 그를 통해 수많은 깨어진 가정들이 주님께로 돌아왔습니다. 분노로 얼룩져 세상을 폭파하려던 갱단 소년이 이제는 사랑의 폭탄으로 수많은 사람을 감동시키는 아름다운 인생을 살게 된 것입니다.

여러분의 인생은 어떻습니까? 예수님을 만나기 이전과 이후의 삶이 분명히 다릅니까? 만약 그렇지 않다면 어쩌면 여러분은 아직 주님을 만나지 못한 사람일 수 있습니다. 물론 예수님을 만난 이후의 삶이 완전하다는 말이 아닙니다. 베드로도 시험에 들고 실패하고 넘어졌습니다.

하지만 예수님을 만난 사람들은 인생의 방향이 바뀝니다. 인생의 우선순위가 바뀝니다. 삶의 이유와 목적이 분명해집니다. 내 안에 예수님의 생명을 가지게 됩니다. 실패하고 넘어졌어도 예수님의 피 한 방울을 의지하여 다시 일어섭니다.

다시 한 번 묻습니다. 베드로처럼 살아 계신 주님을 만났습니까? 그렇다면 오늘 여러분에게도 '이제 후로는'(from now on)이 있어야 합니다. 살아 계신 주님을 만난 여러분의 인생에 하나님이 역사하시고 함께하시는 구체적인 변화들이 생생하게 나타나야 합니다.

그 담대한 믿음의 발걸음을 본 이방인들이 하나님의 영광을 찬미하게 될 것입니다. 복음의 능력에 압도당해 회심하며 주님을 고백하게 될 것입니다. 하나님의 하나님 되심을 경험한 여러분에게 '이제 후로는'의 비전은 무엇입니까?

베드로전서 1장 22절

22 너희가 진리를 순종함으로 너희 영혼을 깨끗하게 하여 거짓이 없이 형제를 사랑하기에 이르렀으니 마음으로 뜨겁게 서로 사랑하라

14

진리에 순종하여
영혼을 깨끗하게 하라

역사 속에서 인간은 끊임없이 영혼의 의미를 파악하려고 노력했습니다. 소크라테스는 몸은 죽지만 영혼은 불멸한다는 '영혼 불멸론'을 주장했습니다. 그의 제자 플라톤은 이에 덧붙여 '상기론'(想起論), 즉 인간이 지식을 습득하고 이해하는 과정은 영혼에 이미 주어져 있던 것을 다시 떠올리는 것이라고 주장했습니다. 톨스토이는 도덕적 결단을 통해 영혼을 갱생할 수 있음을 그의 책 『부활』을 통해 풀어냈습니다. 또한 동양에서는 영혼이 기(氣)로 이루어져 있으며 다시 환생한다고 믿습니다. 그렇다면 성경은 영혼에 대해 어떻게 설명할까요?

영혼은 깨지지 않는다

육체와 영과 혼은 유기적으로 연합되어 있습니다. 그러므로 두부 자르듯이 나눌 수 없습니다. 어느 한쪽이 무너지면 다른 쪽도 함께 무너져 버립니다. 정신적으로 스트레스를 받으면 육체도 망가질 뿐만 아니라 기도생활도 잘 되지 않습니다. 육체적으로 병들거나 너무 피곤해도 집중력이 떨어지고 영적 침체에 빠질 수 있습니다.

그러나 하나님은 눈에 보이는 육체보다 보이지 않는 영혼을 더 중요하게 여기고 관심을 가지십니다. 사도 요한도 가장 먼저 영혼이 잘되기를 기도했습니다.

"사랑하는 자여 네 영혼이 잘됨 같이 네가 범사에 잘되고 강건하기를 내가 간구하노라"(요삼 1:2)

예수님도 세상의 박해자들을 두려워하지 말고 하나님을 더욱 두려워하라고 말씀하셨습니다.

"몸은 죽여도 영혼은 능히 죽이지 못하는 자들을 두려워하지 말고 오직 몸과 영혼을 능히 지옥에 멸하실 수 있는 이를 두려워하

라"(마 10:28)

세상의 박해자들이 우리 몸을 죽일지는 모르나 영혼은 죽일 수
없습니다. 이렇게 성경은 영혼의 중요함을 강조합니다.

순종이 영혼을 깨끗하게 한다

사도 베드로는 초대 교회 성도들에게 '너희 영혼을 깨끗하게
하라'고 조언합니다.

"너희가 진리를 순종함으로 너희 영혼을 깨끗하게 하여"(22절a)

영혼을 깨끗하게 하는 방법이 무엇입니까? 진리에 순종하는
것입니다. 킹 제임스 성경(KJV)은 이 말씀을 "너희가 성령을 통하
여 진리에 순종함으로 너희 영혼을 정결케 하여"라고 번역합니
다. 성령은 진리의 영이십니다. 그러므로 성령이 깨닫게 하시고
인도하시고 역사하셔야 진리에 순종할 수 있습니다. 내 의지와
노력만으로는 결코 진리에 순종할 수 없습니다.

눈에 보이는 육체는 얼마든지 깨끗하게 씻을 수 있습니다. 그
러나 보이지 않는 영혼은 우리의 노력으로 씻을 수 없습니다. 선

을 행함으로, 인류 역사에 위대한 업적을 남김으로, 금식 등의 고행으로 깨끗해지지 않습니다. 우리 영혼은 오직 성령의 역사를 따라 진리에 순종함으로 깨끗하게 할 수 있습니다.

그렇다면 우리 영혼을 깨끗케 할 진리는 무엇일까요? 예수님은 '내가 곧 진리다'라고 말씀하셨습니다.

"예수께서 이르시되 내가 곧 길이요 진리요 생명이니 나로 말미암지 않고는 아버지께로 올 자가 없느니라"(요 14:6)

또한 '하나님의 말씀이 진리다'라고 말씀하셨습니다.

"그들을 진리로 거룩하게 하옵소서 아버지의 말씀은 진리니이다"(요 17:17)

그렇다면 진리에 순종하는 것은 어떤 의미일까요?

첫째, 예수님을 믿음으로 내 영혼이 순결해지는 것입니다.

하나님이 인간을 그분의 형상대로 지으셨을 때 인간의 영혼은 순결했습니다. 때문에 하나님의 음성을 들을 수 있었고, 하나님과 친밀한 사랑의 사귐을 누릴 수 있었습니다.

그런데 인류의 시조인 아담의 범죄로 인해 우리 영혼이 죽고 말았습니다. "네가 먹는 날에는 반드시 죽으리라"(창 2:17b)는 말씀처럼 인간 세계에 죽음이 찾아왔습니다. 아담의 후손으로 태어난 모든 인간은 영혼이 죽었고 육체는 몇 년을 살다가 죽을 수밖에 없는 존재로 태어난 것입니다.

'영혼이 죽었다'는 것은 '하나님과 단절되었다'는 뜻입니다. 영혼의 기능은 하나님의 음성을 듣고 친밀한 사귐을 나누는 것입니다. 그 영혼이 죽어 있기 때문에 더 이상 하나님의 음성을 들을 수도 친밀하게 사귈 수도 없게 되었습니다.

그런데 성령의 역사로 진리이신 예수 그리스도를 믿고 영접하자 죽었던 영이 순결한 영혼으로 다시 태어났습니다. 예수님이 내 모든 죄를 대신 짊어지고 십자가에 달려 죽으심으로 내 죗값을 대신 지불하셨기 때문입니다. 진리에 순종함으로 내 영혼이 깨끗해진다는 것은, 결국 진리 되신 예수 그리스도를 믿고 영접함으로 다시 태어나는 것을 말합니다.

둘째, 말씀에 순종함으로 거룩한 삶을 사는 것입니다.

예수님을 믿음으로 우리의 죽었던 영혼은 다시 살아나고 순결해졌습니다. 하지만 우리 안에는 여전히 타락한 죄성이 남아 있습니다. 그 타락한 성품들로 인해 영혼이 때 묻고 더러워집니다. 예수님도 마음에서 나오는 것들이 사람을 더럽게 한다고 말씀하셨습니다.

"마음에서 나오는 것은 악한 생각과 살인과 간음과 음란과 도둑질과 거짓 증언과 비방이니 이런 것들이 사람을 더럽게 하는 것이요."(마 15:19-20a)

죄는 분명 우리를 하나님과 멀어지게 만듭니다. 우리 영혼을 병들고 어둡게 만듭니다. 이에 바울은 고린도 성도들에게 보낸 편지에서 이렇게 말합니다.

"그런즉 사랑하는 자들아 이 약속을 가진 우리는 하나님을 두려워하는 가운데서 거룩함을 온전히 이루어 육과 영의 온갖 더러운 것에서 자신을 깨끗하게 하자."(고후 7:1)

"이 약속"은 하나님의 말씀을 말합니다. 하나님의 말씀을 붙들고 사는 자가 하나님을 두려워하는 삶을 살고, 하나님을 두려워하는 자가 거룩함을 온전히 이루어 육과 영의 온갖 더러운 것에서 자신을 깨끗하게 합니다.

바벨론에 포로로 잡혀갔던 다니엘과 세 친구들이 왕의 진미와 포도주를 목숨 걸고 거절한 이유가 무엇입니까? 자기를 더럽히지 않기 위해서입니다. 하나님의 말씀을 붙들고 사는 사람은 경건하게 살려고 몸부림칩니다. 죄를 미워합니다. 설령 넘어졌을지라도 즉시 예수님의 보혈을 의지하여 회개하고 용서받습니다. 그렇게 자신의 영혼을 늘 깨끗하게 합니다.

깨끗한 영혼은 거짓 없이 사랑한다

사도 베드로는 진리에 순종함으로 영혼이 깨끗해졌다면, 이제 형제를 거짓 없이 뜨겁게 사랑하라고 권면합니다.

"거짓이 없이 형제를 사랑하기에 이르렀으니 마음으로 뜨겁게 서로 사랑하라"(22절b)

첨단 시대를 달리는 요즘에는 공기 중의 미세먼지 농도까지도 실시간으로 알 수 있습니다. 미세먼지뿐만 아니라 이산화질소, 일산화탄소, 아황산가스, 오존 농도까지 실시간으로 수치를 알려 줍니다.

그렇다면 우리는 보이지 않는 내 영혼이 얼마나 깨끗한지를 어떻게 알 수 있을까요? 내 안에서 나오는 사랑을 통해 알 수 있습니다.

사랑은 하나님이 우리에게 주신 새 계명입니다. 예수님은 "새 계명을 너희에게 주노니 서로 사랑하라 내가 너희를 사랑한 것 같이 너희도 서로 사랑하라"(요 13:34)고 말씀하셨습니다. 또 마지막 때가 되면 "많은 사람의 사랑이 식어지리라"(마 24:12b)라고 말씀하셨습니다. 사랑이 식어지는 것은 마지막 때의 특징입니다. 주님 오실 날이 가까울수록 사람들은 더 차갑고, 매정하며, 돈을 사랑하고, 자기만을 사랑하는 사람이 될 것입니다. 하지만 영혼이 깨끗한 사람은 시대와 상관없이 형제에 대한 뜨거운 사랑을 품고 있습니다.

"거짓이 없이 형제를 사랑하기에 이르렀으니…"(22절b)

"거짓이 없이"라는 헬라어 단어 '아뉘포크리톤'(ἀνυπόκριτον)은 '위선됨이 없이', '꾸밈이 없이'라는 말입니다. 다른 형제를 사랑할 때 배우처럼 연기하듯 사랑하지 말라는 것입니다.

예수님 당시의 서기관과 바리새인들은 사람들에게 잘 보이려고 사랑했습니다. 그들은 매일 하나님의 말씀을 묵상하고 암송하고 남을 가르치기도 했습니다. 하지만 누군가를 뜨겁게 사랑하지는 않았습니다. 남을 판단하고 정죄하기에만 바빴습니다. 예수님은 그런 그들을 향해 말씀하셨습니다.

"화 있을진저 외식하는 서기관들과 바리새인들이여 잔과 대접의

인생의 밤을 만났을 때

겉은 깨끗이 하되 그 안에는 탐욕과 방탕으로 가득하게 하는도다 눈 먼 바리새인이여 너는 먼저 안을 깨끗이 하라 그리하면 겉도 깨끗하리라" (마 23:25~26절)

사람들은 내면보다 남들의 이목이 집중되는 겉만 신경 씁니다. 진리에 순종함으로 내 영혼을 깨끗하게 하기보다는 사람들에게 인정받고 잘보이려고 경건한 척합니다. 경건의 능력은 없고 경건의 모양만 있는 것입니다.

깨끗한 영혼은 뜨겁게 사랑한다

깨끗해진 영혼은 마음으로 뜨겁게 사랑합니다. 주님도 마음으로 뜨겁게 서로 사랑하라고 말씀하십니다.

"… 마음으로 뜨겁게 서로 사랑하라" (22절b)

진정한 사랑은 머리로 하는 것이 아닙니다. 마음으로 하는 것입니다. 진정한 사랑은 계산하지 않습니다. 손익을 따지지 않습니다.

베드로는 여러 환난 중에 있는 성도들에게 지금까지 서로 사랑해 왔지만, 마음을 다하여 더 뜨겁게 사랑할 것을 권면합니다. "뜨겁게"라는 말의 원어 '엑테노스'(ἐκτενῶς)는 '계속해서', '끊임 없이', '끈기 있게', '약화되지 않게'라는 뜻입니다. 다시 말해 뜨 겁게 사랑하라는 말은 사랑을 하되, '계속해서 끈기 있게 사랑하 라'는 것입니다. 포기하지 않고 끝까지 사랑해야 합니다. 이것이 중요합니다. 예수님이 제자들을 어떻게 사랑하셨습니까?

"유월절 전에 예수께서 자기가 세상을 떠나 아버지께로 돌아가실 때가 이른 줄 아시고 세상에 있는 자기 사람들을 사랑하시되 끝까 지 사랑하시니라"(요 13:1)

리처드 포스터(Richard Foster)는 사랑에 관해 이런 말을 남겼 습니다. "위선적인 사람은 '변덕스러운 방법'으로 사랑합니다. 내 가 사랑하고자 하는 '기분이 들 때만' 사랑합니다. 그러나 참 사 랑은 언제나 변함없이 사랑합니다." 거짓 없이 마음으로 뜨겁게 사랑한다는 것은 결코 쉬운 일이 아닙니다. 때문에 많은 사람이 사랑을 하다 중도에 포기해 버립니다. 사랑이라는 말은 아름답고 매력적이지만 사랑한다는 것은 실제로 힘들고 어렵습니다.

청년들에게 결혼에 대해 물으면 부정적인 반응이 대다수입니 다. "결혼하는 순간 책임과 의무를 다해야 하잖아요", "저는 죽는

날까지 누군가에게 구속당하지 않고 자유롭게 살고 싶어요", "결혼하는 그 사람을 끝까지 사랑할 수 없을 것 같아요". 사랑을 어렵고 부담스럽게 생각하는 것입니다.

그러나 말씀은 '거짓이 없이 형제를 사랑하기에 이르렀다'고 말합니다.

"거짓이 없이 형제를 사랑하기에 이르렀으니 마음으로 뜨겁게 서로 사랑하라"(22절b)

'마음으로 서로 뜨겁게 사랑하라' 이전에 '너희는 사랑하게 되었다'는 말씀이 먼저입니다. 현대인의 성경에도 "진심으로 형제를 사랑하게 되었으니 순결한 마음으로 서로 뜨겁게 사랑하십시오"라고 번역되어 있습니다. 사랑하게 되었으니, 그 마음으로 뜨겁게 서로 사랑하라는 것입니다.

'사랑하게 되었다'는 것은 무엇을 뜻할까요? 진리에 순종하여 내 영혼이 깨끗해지는 것을 말합니다. 내 육체의 본성은 거짓 없이 뜨겁게 사랑할 수 없지만, 예수님의 생명으로 거듭난 내 영혼은 사랑할 수 있습니다. 내 힘으로는 사랑할 수 없지만, 하나님과의 친밀함을 통해 사랑의 힘을 공급받은 내 영혼은 형제를 거짓 없이 마음으로 뜨겁게 사랑할 수 있습니다.

이미 넘치도록 채워진 사랑

'사랑하게 되었다'는 말의 또 다른 뜻은 하나님의 사랑이 우리 마음에 부어진 것을 말합니다.

"소망이 우리를 부끄럽게 하지 아니함은 우리에게 주신 성령으로 말미암아 하나님의 사랑이 우리 마음에 부은 바 됨이니"(롬 5:5)

무조건적이고 절대적이며 영원한 하나님의 사랑이 우리 마음에 부어졌습니다. 이 말씀은 완료 수동태입니다. 그래서 '앞으로 부은 바 될 것이다'가 아닌 '이미 부은 바 되었다'고 해석하는 것이 맞습니다.

하나님의 사랑이 언제 어떻게 우리 마음에 부은 바 되었습니까? 우리가 예수님을 믿고 영접할 때입니다. 그래서 성령이 우리 안에 찾아오실 때 성령으로 말미암아 하나님의 사랑이 우리 마음에 이미 부어진 것입니다. 차고 넘칠 정도로 말입니다. 성령 하나님이 우리 안에 찾아오실 때, 독생자를 내어 주신 하나님의 사랑, 나를 위해 십자가에 달려 죽으신 그 십자가의 사랑을 가지고 들어오셨습니다. 그러므로 우리 안에는 이미 하나님의 사랑이 충만하게 부어져 있습니다.

인생의 밤을 만났을 때

그런데 왜 우리에게서 하나님의 사랑이 흘러넘치지 않는 것일까요? 탐욕이 나를 지배하고 있기 때문입니다. 내 안에 있는 욕심이 하나님의 사랑을 막고 있기 때문입니다.

또 다른 이유는 성령 충만을 받지 않아서입니다. 성령이 내 마음과 생각과 감정과 의지를 주장하고 다스리시면 우리 마음에 부어진 하나님의 사랑이 흘러넘칩니다. 아무리 인색하고 강퍅한 사람이라 할지라도 성령 충만을 받으면 하나님의 사랑으로 거짓 없이 뜨겁게 형제를 사랑할 수 있습니다. 진리에 순종하는 것과 영혼을 깨끗하게 하는 것 그리고 형제를 사랑하는 것은 이렇게 서로 연결되어 있습니다.

우리 영혼이 주님 앞에 거룩해지기를 소망합니다. 매일 하나님의 말씀에 순종하며 주님과 사귐의 기쁨을 누리시길 기도합니다. 여러분의 영혼을 그리스도 안에서 날마다 깨끗하게 하십시오. 주님은 여러분으로 인해 기뻐하실 것입니다. 그리고 여러분을 통해 잃어버린 영혼들이 주께 돌아오는 복된 역사가 일어날 것입니다. 여러분에게 이미 넘치도록 부어진 그리스도의 사랑으로 형제를 뜨겁게 사랑하십시오. 그 사랑으로 이 땅에 하나님 나라가 세워질 것입니다.

베드로전서 1장 23-25절

23 너희가 거듭난 것은 썩어질 씨로 된 것이 아니요 썩지
   아니할 씨로 된 것이니 살아 있고 항상 있는 하나님의
   말씀으로 되었느니라

24 그러므로 모든 육체는 풀과 같고 그 모든 영광은 풀의
   꽃과 같으니 풀은 마르고 꽃은 떨어지되

25 오직 주의 말씀은 세세토록 있도다 하였으니 너희에게
   전한 복음이 곧 이 말씀이니라

15

새로운 삶이
시작되다

예수님은 한밤중에 자신을 찾아온 니고데모에게 말씀하셨습니다.

"사람이 거듭나지 아니하면 하나님의 나라를 볼 수 없느니라"(요 3:3b)

"사람이 물과 성령으로 나서 아니하면 하나님의 나라에 들어갈 수 없느니라"(요 3:5b)

거듭나지 않으면, 물과 성령으로 나지 않으면, 하나님 나라를 볼 수도 없고 들어갈 수도 없습니다. 하지만 바리새인이요 산헤 드린 공회원으로서 유대인의 지도자였던 니고데모는 이 말씀을 이해할 수 없었습니다. 그가 물었습니다.

"사람이 늙으면 어떻게 날 수 있사옵나이까 두 번째 모태에 들어 갔다가 날 수 있사옵나이까"(요 3:4)

거듭남을 어머니 뱃속에 다시 들어갔다 나오는 것으로 오해했 던 것입니다. 나름대로 학식을 갖추었던 그의 한계는 바로 이것 이었습니다. 그러니 거듭남, 즉 '다시 태어난다'는 말을 상식과 이성의 선에서 설명하기란 도무지 불가능해 보입니다.

예수의 생명으로 다시 태어나다

거듭남은 무엇입니까? 사실 이 말은 세상에서도 자주 사용됩 니다. "한국 정치가 거듭나야 한다", "작금의 교육이 거듭나야 한 다", "재벌이 거듭나야 한다", "창업 정신으로 다시 거듭나야 한 다"…. 보통 사용되는 맥락으로 살펴볼 때, 사람들은 거듭남을 '지금까지의 방식이나 태도를 버리고 새롭게 시작하는 것'으로 여깁니다. 의식이나 생각이 바뀌는 것으로 생각합니다. 잘못된

관행이나 제도를 혁파하고 새로운 질서를 만들어 가는 것으로 이해합니다.

그러나 하나님은 그것을 거듭남이라고 말씀하지 않으십니다. 하나님이 말씀하시는, 성경이 말하는 거듭남은 본질적으로 '다시 태어나는 것'입니다.

거듭남이라는 헬라어 단어는 '겐나오 아노텐'(γεννηθῇ ἄνωθεν)입니다. '겐나오'는 '태어나다'이고 '아노텐'은 '다시'라는 뜻입니다. 종합하면 앞서 언급한대로 '다시 태어나다'를 뜻합니다. 이렇게 말하면 '지금 내가 태어나서 살고 있는데 어떻게 또 다시 태어나란 말인가?'라고 항변할 수도 있습니다. 니고데모처럼 말입니다.

맞습니다. 사람은 누구나 자기 부모에게서 태어납니다. 부모 없이 태어난 사람은 아무도 없습니다. 이것은 생명을 창조하고 다스리시는 하나님 주권의 영역입니다.

아담의 후손인 모든 사람은 죄로 인해 영적으로는 이미 죽었고, 육체적으로는 수십 년을 살다가 죽을 수밖에 없는 존재로 태어났습니다. 이 사실을 아는 사도 바울은 에베소에 있는 성도들에게 보낸 편지에 "허물과 죄로 죽었던 너희를 살리셨도다"(엡 2:1)라고 했습니다.

예수님을 믿음으로 다시 태어나기 전 우리의 영은 허물과 죄로 죽어 있었습니다. 영적으로 죽어 있는 상태로 태어났기 때문에 하나님이 창조하신 세상 속에 살면서도 하나님을 알지 못했습니다. 하나님의 음성을 듣지도 못했습니다. 고아처럼 방황하며 두려움 가운데 인생을 살았습니다. 그러므로 육신의 부모를 통해 태어났지만 실상 아담의 후손으로 태어난 모든 사람은 예수 그리스도의 생명으로 다시 태어나야 합니다.

예수님의 생명으로 다시 태어난다는 것, 이는 죄와는 무관하고 죽음을 이긴 부활의 생명으로 다시 태어나는 것입니다. 2천 년 전, 하나님의 아들 예수 그리스도가 인간의 몸을 입고 이 세상에 오셨습니다. 그리고 십자가에 못 박혀서 피 흘려 죽으셨습니다.

예수님이 죽으신 이유가 무엇입니까? 바로 우리의 죗값을 지불하시기 위해서입니다. 죄의 값은 수치와 형벌, 죽음입니다. 예수님은 십자가에서 모든 수치를 당하셨습니다. 벌거벗김을 당하셨습니다. 가시 면류관을 쓰고 침 뱉음을 당하고 갈대로 맞으셨습니다. 우리가 지옥에서 받아야 할 모든 형벌과 고통을 담당하셨습니다. 목마름의 고통을 당하고 심지어 하나님으로부터 버림받는 영적인 죽음까지 당하셨습니다. 그렇게 모든 죗값을 완벽하게 지불한 후 "다 이루었다"(요 19:30)라고 말씀하셨습니다. 그리고 사망의 권세를 깨뜨리고 무덤에서 다시 살아나셨습니다.

우리가 예수님을 믿으면 죗값을 완벽하게 지불하고 죽음을 이

인생의 밤을 만났을 때

기신 예수님의 생명이 우리 안에 들어옵니다. 그 생명이 죽었던 내 영을 다시 살아나게 합니다. 부모님이 내게 물려 준 생명이 아닌 예수님의 생명으로 다시 태어나는 것입니다. 성경은 이것을 거듭남이라고 말합니다.

거듭남은 사람이 조금 나아지고 변화되는 정도가 아닙니다. 예수님의 생명으로 다시 태어나는 것입니다. 성경은 이것을 "새로운 피조물"(고후 5:17)이라고도 말합니다.

거듭남의 비밀

예수님의 생명으로 다시 태어나는 것이 거듭남이라면 우리는 어떻게 거듭나는 것일까요? "육으로 난 것은 육이요 영으로 난 것은 영이니"(요 3:6)라는 말씀처럼, 우리 눈에 보이지 않는 영적인 세계에서 이루어지는 거듭남의 비밀에 관해 살펴보겠습니다.

첫째, 성령으로 거듭남입니다.

예수님은 "사람이 물과 성령으로 나지 아니하면 하나님의 나라에 들어갈 수 없느니라"(요 3:5b)라고 말씀하셨습니다. 주님이 언급하신 "물"은 무엇일까요? 어떤 이들은 세례 요한이 물로 회개의 세례를 베풀었던 것처럼 죄 씻음을 받는 회개로 보기도 합니다. 또 어떤 이들은 "진리의 말씀으로 우리를 낳으셨느니라"(약

1:18b)라는 말씀을 근거로 하나님의 말씀으로 보기도 합니다. 팀 켈러(Timothy J. Keller) 목사를 비롯한 여러 목회자는 성령으로 보기도 합니다. 성령은 창조의 영이고 생명의 영이기 때문입니다. 그래서 에스겔 선지자는 성전 동편 문지방으로부터 흘러나온 강물이 가는 곳마다 모든 것을 살린다고 말합니다.

"이 강물이 이르는 곳마다 번성하는 모든 생물이 살고 또 고기가 심히 많으리니 이 물이 흘러 들어가므로 바닷물이 되살아나겠고 이 강이 이르는 각처에 모든 것이 살 것이며"(겔 47:9)

본문에서 말하는 '물'이 회개인지 성령인지 혹은 말씀인지 따지자는 것이 아닙니다. 성령은 이 모든 것을 주도적으로 사용하여 거듭나게 하십니다. 예수님은 거듭난 사람을 성령으로 난 사람이라고 하셨습니다.

"바람이 임의로 불매 네가 그 소리는 들어도 어디서 와서 어디로 가는지 알지 못하나니 성령으로 난 사람도 다 그러하니라"(요 3:8)

거듭남은 성령의 역사로 이루어집니다. 성령은 창조의 영이고 살리는 영입니다. 성령이 역사하시는 곳에는 반드시 살아나는 역사가 일어납니다. 하나님의 생기, 곧 성령이 역사하실 때 에스겔 골짜기의 마른 뼈들이 살아났던 것처럼 말입니다. 허물과 죄로 죽어 있던 내 영도 성령이 다시 살리십니다. 거듭나게 하십니다.

뿐만 아니라 주님이 재림하실 때 우리의 죽은 육체도 성령이 살리십니다.

"예수를 죽은 자 가운데서 살리신 이의 영이 너희 안에 거하시면 그리스도 예수를 죽은 자 가운데서 살리신 이가 너희 안에 거하시는 그의 영으로 말미암아 너희 죽을 몸도 살리시리라"(롬 8:11)

이렇게 거듭남은 혈통이나 육정이 아닌 성령으로 다시 태어나는 것입니다. 이를 두고 예수님은 거듭난 자에 대해 "이는 혈통으로나 육정으로나 사람의 뜻으로 나지 아니하고 오직 하나님께로부터 난 자들이니라"(요 1:13)라고 말씀하셨습니다. 거듭남은 성령으로 말미암아 하나님께로부터 나는 것입니다. 그래서 '위로부터 난 자'라고 부릅니다. 예수님을 믿으면 땅에 속한 자가 아니라 하늘에 속한 자가 됩니다.

둘째, 하나님의 말씀으로 거듭남입니다.

우리는 성령으로 다시 태어났습니다. 본문은 우리가 썩지 아니할 씨로 되었고 말합니다.

"너희가 거듭난 것은 썩어질 씨로 된 것이 아니요 썩지 아니할 씨
로 된 것이니 살아 있고 항상 있는 하나님의 말씀으로 되었느니
라"(23절)

"썩지 아니할 씨"는 하나님의 말씀입니다. 환상으로 거듭난 것
이 아닙니다. 특별한 꿈을 꾸고 거듭난 것이 아닙니다. 우리는 썩
지 아니할 씨인 하나님의 말씀으로 거듭났습니다.

하나님의 말씀에는 두 가지 특성이 있습니다.

첫째로, 살아 있습니다.

"썩지 아니할 씨로 된 것이니 살아 있고"(23절b)

살아 있다는 것은 말씀 그 자체에 생명이 있다는 것을 말합니
다. 히브리서 기자는 하나님의 말씀을 이렇게 표현합니다.

"하나님의 말씀은 살아 있고 활력이 있어 좌우에 날선 어떤 검보
다도 예리하여 혼과 영과 및 관절과 골수를 찔러 쪼개기까지 하며
또 마음의 생각과 뜻을 판단하나니"(히 4:12)

하나님의 말씀은 오늘도 살아 역사합니다. 생명이 있습니다.

인생의 밤을 만났을 때

하나님이 살아 계시기 때문입니다. 하나님의 말씀은 좌우에 날이 선 어떤 검보다도 예리하게 내 심령을 찌릅니다. 그래서 통회하고 자복하게 만듭니다. 또 생명의 말씀이 선포되면 죽은 영혼들이 살아나고 묶였던 것들이 풀어지는 역사가 일어납니다. 악한 영들이 일곱 길로 떠나가고, 병든 자들이 고침을 받는 역사가 일어납니다. 그 말씀을 사모하며 들을 때 심령이 뜨거워지고, 숨긴 죄악들이 드러나며, 능력에 사로잡힙니다. 예수님은 "내가 너희에게 이른 말은 영이요 생명이라"(요 6:63b)라고 말씀하셨습니다.

둘째로, 항상 있습니다.

"항상 있는 하나님의 말씀으로 되었느니라"(23절c)

하나님의 말씀은 살아 있을 뿐만 아니라 항상 있습니다. 말씀은 영이기 때문에 시간과 공간을 초월합니다. 또한 매임을 당하지 않습니다. 바울은 "하나님의 말씀은 매이지 아니하니라"(딤후 2:9b)라고 했습니다. 그렇습니다. 육을 가진 우리는 늘 매입니다. 재정과 환경, 관계, 질병, 쓴 뿌리와 상처에 매입니다. 그러나 하나님의 말씀은 영이기 때문에 매이지 않고 항상 살아 역사합니다.

내가 실패했을 때도 항상 있는 하나님의 말씀은 나를 다시 일으켜 세웁니다. 오랜 시간 질병 가운데 있을 때에도 썩어지지 않

을 소망을 갖게 만듭니다. 혹 감옥에 갇혀 있을지라도 그곳에서
참된 자유를 누리게 합니다. 사람들이 나를 배신하고 떠나갈 때
에도 하나님의 말씀은 항상 나와 함께하면서 다시 일어나 도전하
게 합니다. 내 영혼이 육체의 장막을 벗고 이 땅을 떠나는 인생의
마지막 순간에도 "내가 세상 끝날까지 너희와 항상 함께 있으리
라"(마 28:20b)는 약속의 말씀대로 내 안에서 살아 역사합니다.

풀은 마르고 꽃은 떨어진다

이 땅의 모든 것은 떨어지고 사라집니다. 베드로 역시 허무함
에 대해 말했습니다.

"그러므로 모든 육체는 풀과 같고 그 모든 영광은 풀의 꽃과 같으
니 풀은 마르고 꽃은 떨어지되"(24절)

싱싱한 푸른 풀들을 보십시오. 알록달록 화사하게 피어 있는
꽃들을 보십시오. 찬바람이 불고 서리가 내리면 한껏 차올랐던
생명의 기운이 다 시들고 맙니다. 불과 며칠 전까지만 해도 아름
답게 피어 있던 올림픽 공원의 벚꽃, 석촌호수의 벚꽃들을 보십
시오. 비바람이 한 번 불고 나니 금세 다 떨어지고 말았습니다. 영

원히 머물러 있으면 좋을 것 같은 풍경이 며칠 만에 사라져 버린 것입니다.

인간이 누리는 모든 영광도 이와 마찬가지입니다. 육체 역시 마찬가지입니다.

아름다움도 변하고 젊음도 변합니다. 지식도, 명예도, 권세도 다 지나갑니다. 그러나 하나님의 말씀은 영원합니다. 살아 있고 항상 있기 때문입니다.

"오직 주의 말씀은 세세토록 있도다 하였으니 너희에게 전한 복음이 곧 이 말씀이니라"(25절)

모든 것이 변하고 사라지지만 하나님의 말씀은 영원합니다. 이 말씀이 곧 복음입니다.

성령이 말씀으로 거듭나게 하신다

거듭남은 오직 성령의 역사로 이루어집니다. 그리고 성령은 우리에게 계시로 주어진 말씀을 통해 우리를 거듭나게 하십니다.

성령 하나님은 복음을 들을 때, 내가 용서받을 수 없는 죄인이라는 사실을 깨닫게 하십니다. 예수님이 내 모든 죄를 대신 짊어지고, 십자가에 달려 죽으시고, 부활하셨다는 사실을 진리로 깨닫게 하십니다. 그리고 내 마음의 문을 열어 부활하신 예수님을 나의 구주로 믿고 영접하게 하십니다. 성령은 예수님이 나의 구주이며 인생의 주인임을 입술로 시인하게 하십니다.

성령이 역사하지 않으시면 누구도 예수님을 믿을 수 없습니다. 어떻게 타락한 인간이 2천 년 전 나의 죄를 대신 짊어지고 십자가에 달려 죽었다가 부활하신 그 예수님을 나의 구주로 믿고 영접할 수 있겠습니까? 성경을 아무리 많이 읽고 머리가 좋아도, 인격이 아무리 훌륭해도, 인간의 이성과 상식으로는 결코 믿을 수 없습니다. 하지만 성령이 역사하시면 나 자신도 모르게 이 진리가 믿어집니다. 바울은 "성령으로 아니하고는 누구든지 예수를 주시라 할 수 없느니라"(고전 12:3b)라고 했습니다. 성령은 이렇게 기록된 말씀을 통해 우리를 거듭나게 하셨습니다.

카피라이터로서 늦은 나이에 예수님을 만난 이만재 작가는 자신의 책에서 예수님을 믿기 전까지는 성경 말씀이 하나도 믿어지지 않았다고 고백합니다. 아내를 따라 억지로 교회에 다녔지만 예수님을 믿지 않았습니다. 그의 표현을 빌리자면 마치 순교하는 마음으로 교회에 출석했습니다.

목사님의 설교를 듣다 예수님이 기적을 일으키시는 장면이 나오면 '참 뻥도 심하다'고 생각했습니다. 오병이어의 기적, 물 위를 걷는 기적에 대해 들으면서 '목사 양반이 멀쩡한 것 같은데 참 거짓말도 잘 하네' 하고 코웃음 쳤습니다.

그러던 어느 날 성령이 역사하셨습니다. 그 순간 예수님이 바로 하나님이라는 사실이 믿어지는 것 아닙니까? 그분이 나를 위해 십자가에 달려 죽었다가 부활하셨다는 사실이 거짓말처럼 믿어졌습니다. 그래서 성령의 인도 가운데 예수님을 영접하게 되었고, 마침내 『예수 안 믿으면 손해보는 77가지 이유』(규장, 1997)라는 책을 세상에 내놓게 되었습니다.

우리 역시 마찬가지입니다. 우리는 죽었다 깨어나도 예수님을 믿을 사람이 아니었습니다. 그런데 성령이 말씀을 통해 예수님의 생명으로 다시 태어나게 하신 것입니다. 이제 여러분은 누가 뭐라 해도 거듭난 그리스도인입니다.

여러분의 정체성을 숨기려고 하지 마십시오. 노벨 평화상 수상자인 미국의 전 대통령 지미 카터(Jimmy Carter)도, 요즘 십대들에게 인기가 많은 래퍼 비와이(BewhY)도 언론에서 자신이 거듭난 그리스도인임을 분명히 밝혔습니다. 우리 역시 누구를 만나든지, 어느 모임에 있든지 나 자신이 거듭난 그리스도인임을 담대하게 드러냅시다. 거듭난 여러분이 예수 그리스도를 선포하고 믿음으로 신앙을 고백하는 그 자리에, 하나님 사랑으로 이웃을 사랑하는 그 자리에 아름다운 복음의 꽃이 피어날 것입니다.

베드로전서 2장 1-3절

1 그러므로 모든 악독과 모든 기만과 외식과 시기와 모든 비방하는 말을 버리고

2 갓난 아기들 같이 순전하고 신령한 젖을 사모하라 이는 그로 말미암아 너희로 구원에 이르도록 자라게 하려 함이라

3 너희가 주의 인자하심을 맛보았으면 그리하라

16

구원에 이르도록
자라가라

현대 문화의 트렌드는 "내 인생의 주인공은 바로 나"라는 슬로 건에서 찾을 수 있습니다. 현대 사회는 남의 눈치 보지 말고, 주도 적으로 자신의 인생과 이 시대를 호령하라고 이야기합니다. 기독 교 사상에서 빼놓을 수 없는 인물 중에 아우구스티누스와 C. S. 루이스(C. S. Lewis)가 있습니다. 이들 역시 거듭나기 전까지는 자 신이 추구하는 가치를 최선으로 여기고 불신앙과 씨름했습니다. 그러나 거듭난 이후 완전히 다른 인생을 살게 됩니다.

알다시피 아우구스티누스는 32세에 회심했는데 그 전까지 음 란에 빠져 살았습니다. 하지만 그러면서도 늘 진리를 향한 갈망 에 몸부림쳤습니다. 어느 날 동네 아이의 노랫소리를 우연히 들게 됩니다. "톨레 레게 톨레 레게!"(Tolle lege Tolle lege! 들고 읽어라! 들고 읽어라!) 그때 그가 곧바로 집어든 책은 신약성경이었습니다. 이 과정을 통해 회심을 경험하고 거듭난 그는 이후 하나님의 진리를 전파하며 『고백록』이라는 기독교 걸작을 남기게 됩니다.

『나니아 연대기』로 유명한 기독교 변증가 C. S. 루이스 역시 마찬가지입니다. 유물론에 심취해 있던 그는 34세에야 비로소 그리스도인이 되었습니다. 특히 『반지의 제왕』을 쓴 옥스퍼드 동료 교수 J. R. R. 톨킨이 그와 우정을 나누며 하나님을 찾도록 도와준 일화는 유명합니다. C. S. 루이스는 하나님을 인격적으로 만난 이후 이렇게 고백했습니다. "나는 드디어 항복했고, 하나님이 하나님이시라는 사실을 인정했으며, 무릎 꿇고 기도했다."

복음을 받아들인 후 누구보다 복음의 순전함을 가지고 살았던 두 인물은 지금까지 많은 이에게 영적 도전을 안겨 줍니다.

갓난아이에서 장성한 분량으로

그리스도인은 부모님이 물려 준 생명이 아닌 예수님의 생명으로 다시 태어난 사람들입니다. 예수님의 생명으로 내 영혼이 다시 태어날 때 어떤 모습이었을까요? 영적 아이의 모습이었습니다. 사람은 누구나 예외 없이 갓난아이로 태어납니다. 장성한 상태로 태어나는 사람은 없습니다. 마찬가지로 예수 그리스도의 생명으로 다시 태어난 사람은 자라야 합니다. 성장해야 합니다.

"너희로 구원에 이르도록 자라게 하려 함이라"(2절b)

우리를 그분의 생명으로 낳으신 하나님은 갓난아이로 태어난 우리가 성장하기를 원하십니다. "구원에 이르도록" 자라기를 원하십니다. 주님 앞에 서는 그날까지 계속 자라기를 원하십니다.

사도 바울은 이를 "두렵고 떨림으로 너희 구원을 이루라"(빌 2:12b)라고 표현했습니다. 구원을 받았다면 그것으로 끝나지 말고 '두렵고 떨림으로 너희 구원을 이루어 가라'는 것입니다. 구원을 이루어 가는 것은 다른 말로 주님을 닮아 가는 것입니다.

예수님의 생명으로 거듭난 성도는 이제 두렵고 떨림으로 자신의 구원을 이루어 가야 합니다. 주님을 닮아 가는 성화의 구원을 이루어 가야 합니다. 그리스도의 장성한 분량까지 자라야 합니다.

성장은 기쁨이다

거듭난 우리가 성장해야 하는 이유는 무엇일까요? 왜 영적으로 자라야 할까요? 우리의 영적 성장이 주님의 기쁨이 되기 때문입니다.

한 아이가 세상에 태어나 성장하는 것을 보면 참 신기합니다. 울면서 태어난 아이가 시간이 지나면서 눈을 마주치고 웃기 시작합니다. 피곤한 몸으로 퇴근해 집에 왔는데 아이가 눈을 마주치고 웃어 주면 하루의 모든 피로가 사라집니다.

그러다 뒤집기를 시작합니다. 조금 더 성장하면 무릎으로 기어 다니고, 그러다 아장아장 걷기 시작합니다. 첫 발을 떼는 순간, 월드컵에서 결승골을 넣은 것처럼 온 가족이 박수치고 환호성을 지르며 어쩔 줄 몰라 합니다. 엄마의 손을 붙잡고 다니던 아이가 어느덧 성장해 엄마의 옷을 함께 입게 되고 아빠보다 더 큰 신발을 신게 될 때 부모의 마음은 얼마나 흡족한지 모릅니다. 자녀의 성장은 부모에게 더할 나위없는 기쁨입니다.

마찬가지입니다. 주님의 기쁨이 되기 위해 우리는 자라야 합니다. 성장해야 합니다. 생명의 특징은 자라는 것에 있습니다. 우리가 자녀의 성장을 바라보며 기뻐하듯, 하늘에 계신 하나님 아버지는 그분의 자녀인 우리가 영적으로 성장하는 모습을 바라보며 기뻐하십니다.

버리는 만큼 성장한다

교회를 다니고 신앙생활을 오래 하면 저절로 영적 성장이 이루어질까요? 그렇지 않습니다. 영적 성장은 시간이 간다고 저절로 이루어지지 않습니다. '하나님이 다 알아서 해 주실 테니까 나는 그냥 가만히 있을 거야'라는 생각은 엄청난 착각입니다. 신앙 훈련을 열심히 받고 교회 봉사를 오래 했다고 되는 것도 아닙니다.

그렇다면 구원에 이르도록 자라기 위해서는 어떻게 해야 할까요?

내 영혼에 유익하지 않는 것들을 과감히 버려야 합니다.

"그러므로 모든 악독과 모든 기만과 외식과 시기와 모든 비방하는 말을 버리고"(1절)

예수 그리스도의 의로 옷 입은 우리는 이제 추하고 더러운 옛사람의 옷을 과감히 벗어 버려야 합니다.

우리말 성경에는 '버리라'라는 말이 가장 마지막에 나오지만, 원문의 어순은 명령형 '버려라'가 가장 앞에 나옵니다. 단순히 '버렸으면 좋겠다'는 말이 아닙니다. 사도 베드로는 거듭난 성도들에게 단호하고 강력하게 영혼에 유익하지 않는 것들을 과감히 버리라고 명령합니다.

하늘에 속한 우리가 과감히 버려야 할 것들은 무엇일까요? "모든 악독"과 "모든 기만", "외식", "시기" 그리고 "모든 비방하는 말"입니다. '악독'은 다른 사람을 해치려고 하는 모든 악한 생각과 행동을 말합니다. '기만'은 자기 유익을 위해 남을 속이는 모든 잔꾀를 말합니다. 오늘 우리 주변에 자기에게 유익만 된다면 수단과 방법을 가리지 않고 남을 속이는 사람들이 얼마나 많습니까?

'외식'이라는 말은 본래 무대 위의 배우를 가리킵니다. 두 얼굴을 가지고 살아가는, 겉과 속이 다른 모습을 말합니다. 예수님이 서기관과 바리새인들을 책망하셨던 가장 큰 이유 중 하나가 바로 외식이었습니다. 그리스도인들이 믿지 않는 사람들에게 비난 받는 가장 큰 원인도 바로 외식입니다. 외식하는 자는 남이 볼 때와 보지 않을 때의 행동이 다릅니다. 남들이 인정해 줄 때와 인정해 주지 않을 때의 자세가 다릅니다. 상대방이 누구냐에 따라 대하는 태도와 마음이 다릅니다. 외식하는 자들은 하나님보다 사람을 더 의식합니다.

'시기'는 남이 잘되는 것을 배 아파하는 마음입니다. 남의 행복을 원치 않는 악한 마음입니다. '비방'은 남 뒤에서 헐뜯는 것을 의미합니다. 대인관계를 파괴하는 대표적인 원인이 무서운 악담과 중상모략입니다.

이렇게 모든 악독과 모든 기만과 외식과 시기와 모든 비방하는 말을 버릴 때 영적 성장이 이루어집니다. 주님을 닮아 가기를 원한다면, 구원에 이르도록 자라기를 원한다면, 가장 먼저 내 영혼에 유익되지 않는 것들을 과감히 버려야 합니다. 버리는 만큼 성장합니다.

말씀을 먹고 성장한다

구원에 이르도록 자라기 위해서는 또한 신령한 젖을 사모해야 합니다.

"갓난 아기들 같이 순전하고 신령한 젖을 사모하라 이는 그로 말미암아 너희로 구원에 이르도록 자라게 하려 함이라"(2절)

"순전하고 신령한 젖"은 하나님의 말씀을 가리킵니다.

"하나님의 말씀은 다 순전하며"(잠 30:5a)

하나님의 말씀은 순전합니다. 불순물이 없습니다. 깨끗합니다.

구원받기에 부족함이 없습니다. 이렇게 순결하고 신령한 젖인 하나님의 말씀을 "갓난 아기들 같이" 사모해야 합니다.

아이가 태어나면 엄마 젖이 나오기 시작합니다. 신기하게 누가 가르쳐 주지도 않았는데 갓난아이는 젖을 찾아 빨아먹습니다. 젖을 먹어야 살 수 있고 자랄 수 있기 때문입니다. 갓난아이는 젖을 사모합니다. 배가 고프면 가만히 있지 않습니다. 체면도 없습니다. 엄마의 사정을 조금도 봐주지 않습니다. 지하철에서도 울어대고, 아무리 좋아하는 뽀로로 장난감을 손에 쥐어 줘도 소용이 없습니다. 그러다 엄마가 젖을 물리면 정신없이 빨아먹기 시작합니다.

예수님의 생명으로 다시 태어난 우리 역시 갓난아이들 같이 신령한 젖을 사모해야 합니다. 말씀을 먹지 못하면 내 영혼이 죽는다는 절박함으로 말씀을 받아먹어야 합니다. 하나님의 말씀을 비타민 같은 영양제가 아닌 생명의 양식으로 받아먹어야 합니다. 목마른 사슴이 시냇물을 찾는 것 같은 열정으로 말씀을 받아먹어야 합니다.

다윗은 하나님의 말씀을 그렇게 사모했습니다.

"내가 주의 계명들을 사모하므로 내가 입을 열고 헐떡였나이다"(시 119:131)

마치 갓난아이가 젖 달라고 보채는 것처럼 그렇게 말씀을 사모했습니다. 하나님의 말씀은 거듭난 내 생명의 양식입니다. 그래서 성경은 말씀을 '이해하고 분석하라'고 말하지 않습니다. '먹으라'고 말합니다.

"만군의 하나님 여호와시여 나는 주의 이름으로 일컬음을 받는 자라 내가 주의 말씀을 얻어 먹었사오니 주의 말씀은 내게 기쁨과 내 마음의 즐거움이오나"(렘 15:16)

하나님은 에스겔을 선지자로 부르실 때에도 "너는 이 두루마리를 먹고 가서 이스라엘 족속에게 말하라"(겔 3:1)라고 말씀하셨습니다. "두루마리"는 하나님의 말씀을 뜻합니다. 에스겔은 이 두루마리를 먹었더니 '그것이 내 입에서 달기가 꿀과 같았다'(겔 3:3b)라고 했습니다. 하나님의 말씀은 우리의 영혼을 자라게 하는 신령한 젖입니다. 거듭난 내 생명의 양식이기 때문입니다.

그렇습니다. 신령한 젖인 하나님의 말씀은 우리로 구원에 이르도록 자라게 합니다.

"이는 그로 말미암아 너희로 구원에 이르도록 자라게 하려 함이라"(2절b)

왜 우리는 갓난아이들 같이 순전하고 신령한 젖을 사모해야 합니까? 하나님의 말씀을 사모하고 가까이 하는 것만큼 거듭난 내 생명이 구원에 이르도록 자라기 때문입니다. 영혼에 유익하지 않는 것들을 버릴 수 있기 때문입니다. 말씀을 사모하고 가까이 하는 사람만이 하나님의 말씀이 주시는 지혜로 성공적인 인생을 살수 있기 때문입니다.

워싱턴의 한 박물관에는 미국의 전 대통령 에이브러햄 링컨(Abraham Lincoln)이 쓰던 낡은 성경이 보관되어 있습니다. 그 성경에는 링컨이 생전에 유독 많이 읽은 흔적이 남은 구절이 있습니다. 그 주변에는 눈물 자국도 있습니다. 단어마다 손가락으로 눌러서 생긴 손때 묻은 자국도 있습니다. 바로 시편 34편 4절의 말씀입니다.

"내가 여호와께 간구하매 내게 응답하시고 내 모든 두려움에서 나를 건지셨도다"(시 34:4)

모두가 아는 대로 링컨은 살아오면서 많은 실패를 겪었습니다. 하지만 그는 이 말씀을 붙들고 하나님께 기도하면서 숱한 어려움을 극복할 수 있었습니다. 어머니 낸시는 링컨이 아홉 살 되던 해에 세상을 떠났습니다. 신앙심이 깊었던 낸시는 사랑하는 아들

링컨에게 마지막으로 당부했습니다.

"내 사랑하는 아들아! 나는 네가 부자가 되는 것보다도, 위인이 되는 것보다도 성경 읽기를 즐기는 사람이 되기를 바란다. 부디 매일 성경을 읽도록 하여라. 그리고 네가 앞으로 살아가는 동안에 삶의 위기가 닥칠 때에는 더욱 열심히 성경을 읽도록 하여라. 이것이 내가 너에게 마지막으로 부탁하는 말이다."

링컨은 학교 교육을 받지 못했습니다. 그러나 어머니의 유언에 따라 어릴 때부터 성경을 부지런히 읽었습니다. 하나님의 말씀은 그의 삶 속에 살아 역사하면서 그를 붙들어 주었습니다. 그는 마침내 미국인들이 가장 존경하는 16대 대통령이 되었습니다.

무디((D. L. Moody)는 이런 말을 했습니다.

"Dirty Bible Clean Christian, Clean Bible Dirty Christian."

"손때가 묻고 해질 정도로 성경을 많이 본 사람은 깨끗한 그리스도인이고, 성경이 깨끗한 사람은 더러운 그리스도인이다"라는 말입니다. 하나님의 말씀을 사모하고 가까이하는 사람은 그 삶이 깨끗해질 수밖에 없습니다.

신령한 젖인 하나님의 말씀을 사모해야 하는 이유는 무엇입니까? 영적으로 다시 태어난 갓난아이는 신령한 젖을 먹지 않으면 죽기 때문입니다. 예수님도 "사람이 떡으로만 살 것이 아니요 하나님의 입으로부터 나오는 모든 말씀으로 살 것이라"(마 4:4)라고 말씀하셨습니다. 거듭난 하나님의 사람은 말씀을 먹어야만 살 수 있습니다.

그런데 영혼의 양식인 말씀을 먹지 않고 살아가는 성도가 많습니다. 새는 먹지 않고 9일을 살고, 개는 20일까지 살 수 있다고 합니다. 거북이는 자그마치 500일을, 뱀은 800일 동안 먹지 않고도 살 수 있다고 합니다. 성도 중에도 먹지 않고 버티는 이들이 있습니다. 위험한 신앙입니다. 하나님의 생명을 가진 자라면 결코 그렇게 살 수 없습니다.

주의 인자하심으로 성장한다

구원에 이르도록 자라기 위해서는 주의 인자하심을 맛보아야 합니다.

> "너희가 주의 인자하심을 맛보았으면 그리하라"(3절)

인자하심은 언약에 근거한 변함없는 하나님의 사랑입니다. 용서받을 수 없는 완벽한 죄인이 구원을 받은 것도 주의 인자하심 때문입니다. 우리는 이미 거듭남을 통해서 주의 인자하심을 맛본 사람들입니다.

인생의 밤을 만났을 때

사도 베드로는 주의 인자하심을 맛보았으면 "그리하라"라고 말합니다. 신령한 젖을 사모하라는 말입니다. 우리가 하나님의 말씀인 신령한 젖을 더욱 사모하는 이유는, 주의 인자하심을 이미 맛보았기 때문입니다.

신앙은 관념이나 철학이 아닙니다. 단순한 지적 인식이나 지식을 쌓는 과정이 아닙니다. 신앙은 말씀을 통해 그 진리를 경험하는 삶입니다. 다윗은 "너희는 여호와의 선하심을 맛보아 알지어다"(시 34:8a)라고 했습니다. 음식을 맛보는 것처럼 실제로 하나님을 경험하라는 이야기입니다. 이처럼 진리는 체험되는 것입니다. 그러므로 우리는 말씀에 기록된 하나님의 선하심을, 신실하심을, 위대하심을 맛보아 알아야 합니다. 그렇게 주의 인자하심을 맛볼 때 믿음이 성장합니다. 그렇게 말씀을 통해 하나님의 하나님 되심을 경험할 때 영적 성장의 기쁨을 맛볼 수 있습니다.

사사 시대에 여호와께서 이스라엘을 위해 행하신 모든 큰일을 본 자들은 사는 날 동안 하나님을 섬겼습니다(삿 2:7b). 그러나 여호와께서 행하신 일을 보지 못하는 자들은 여호와를 알지 못하는 다른 세대가 되어 버렸습니다.

"그 후에 일어난 다른 세대는 여호와를 알지 못하며 여호와께서 이스라엘을 위하여 행하신 일도 알지 못하였더라"(삿 2:10b)

체험하는 신앙이 중요합니다. 머리로 알고 있는 지식이 실제로 체득될 때 능력의 믿음이 됩니다. 우리 자녀들이 하나님의 말씀을 사모하고 말씀에 기록된 하나님을 경험하면 결코 다른 세대가 되지 않을 것입니다. 주의 인자하심을 맛보아 알면 주께서 기뻐하시는 뜻대로 그들의 믿음이 자랄 것입니다.

여러분은 정말 거듭났습니까? 예수 그리스도의 생명으로 다시 태어났습니까? 그렇다면 거듭난 여러분의 생명은 이제 자라야 합니다. 그리스도의 장성한 분량까지 성장해야 합니다. 그래야 나를 구원하신 주님이 기뻐하십니다. 주님의 최고 기쁨은 거듭난 우리가 구원에 이르도록 성장하는 것입니다.

내 영혼에 유익되지 않는 모든 악독과 모든 기만과 외식과 시기와 모든 비방하는 말을 버리십시오! 갓난아이 같이 순전하고 신령한 젖을 사모하십시오! 주의 인자하심을 맛보십시오! 그럴 때 거듭난 우리는 구원에 이르도록 조금씩 조금씩 성장합니다. 여러분이 삶 속에서 하나님의 하나님 되심을 날마다 새롭게 경험하시기를 주님의 이름으로 축원합니다.

도서출판 꿈미는 가정과 교회가 연합하여 다음 세대를 일으키는 대안적 크리스천 교육기관인 사단법인 꿈이 있는 미래의 사역을 돕기 위해 월간지와 교재, 각종 도서를 출간합니다.

인생의 밤을 만났을 때

초판 1쇄 발행 2021년 11월 3일
초판 3쇄 발행 2021년 11월 20일

글쓴이 김은호

발행인 김은호
발행처 도서출판 꿈미
등록 제2014-000035호(2014년 7월 18일)
주소 서울시 강동구 양재대로81길 39, 202호
전화 02-6413-4896
팩스 02-470-1397
홈페이지 www.coommi.org
쇼핑몰 www.coommimall.com

ISBN 979-11-90862-45-5 03230